IGEL Verlag

Inhaltsverzeichnis

Denis Paul

Die Textil- und Bekleidungsindustrie der EU
Strukturen, Strategien, Perspektiven

IGEL Verlag

Denis Paul

Die Textil- und Bekleidungsindustrie der EU
Strukturen, Strategien, Perspektiven

1. Auflage 2008 | ISBN: 978-3-86815-020-9

© IGEL Verlag GmbH , 2008. Alle Rechte vorbehalten.

Die Deutsche Bibliothek verzeichnet diesen Titel in der Deutschen Nationalbi-
bliografie. Bibliografische Daten sind unter http://dnb.ddb.de verfügbar.

II

1. Einleitung

Im Zuge der Liberalisierung des Welthandels stehen einige Industrieländer unter starkem Druck, die Bevorzugung einzelner heimischer Sektoren abzubauen und diese dem internationalen Wettbewerb preiszugeben. Insbesondere der Textil- und Bekleidungssektor stellt einen Wirtschaftszweig dar, in welchem seit geraumer Zeit große strukturelle Veränderungen stattfinden. Im Kontext der internationalen Arbeitsteilung hat sich in den letzten Jahrzehnten einerseits ein Geflecht aus protektionistischen Handelssystemen gebildet, welches zu permanenten Marktverzerrungen in diesem Sektor geführt hat. Andererseits kam es durch den Siegeszug der synthetischen Fasern aber auch zu einem grundsätzlichen Wandel der gesamten Branche.

Die Textil- und Bekleidungsbranche innerhalb der EU ist ein wichtiger Bestandteil des europäischen verarbeitenden Gewerbes und hat im Laufe dieser Veränderungen zum Teil große Einbußen in Bereichen wie Beschäftigung oder Umsatz hinnehmen müssen. Es stellt sich daher die Frage, welche Bedeutung dieser Industriezweig heute noch besitzt und welchen Platz die einzelnen Mitgliedsstaaten im Kontext des internationalen Wettbewerbs einnehmen. Dabei müssen sich die europäischen Importländer vor allem mit der Frage auseinandersetzen, welche Auswirkungen die jahrzehntelange Abschottung der heimischen Märkte tatsächlich hatte und was sie nun durch die Liberalisierung des Welthandels zu erwarten haben, die im Textil- und Bekleidungssektor seit einigen Jahren von Seiten der WTO betrieben wird.

2. Der Textil- und Bekleidungssektor der EU

2.1. Textile Fasern

Der Textil- und Bekleidungssektor ist ein umfassender Bereich und vereint vielfältige Industrie- und Wirtschaftszweige in sich. Um auf diese näher eingehen zu können, sollen zunächst die verschiedenen textilen Fasern und deren Bedeutung im historischen Kontext beschrieben werden, die in dem genannten Bereich zum Einsatz kommen.

2.1.1. Textile Faserstoffe

Grundsätzlich lassen sich die textilen Faserstoffe in Naturfasern und Kunstfasern unterteilen (siehe *Abbildung 1*).

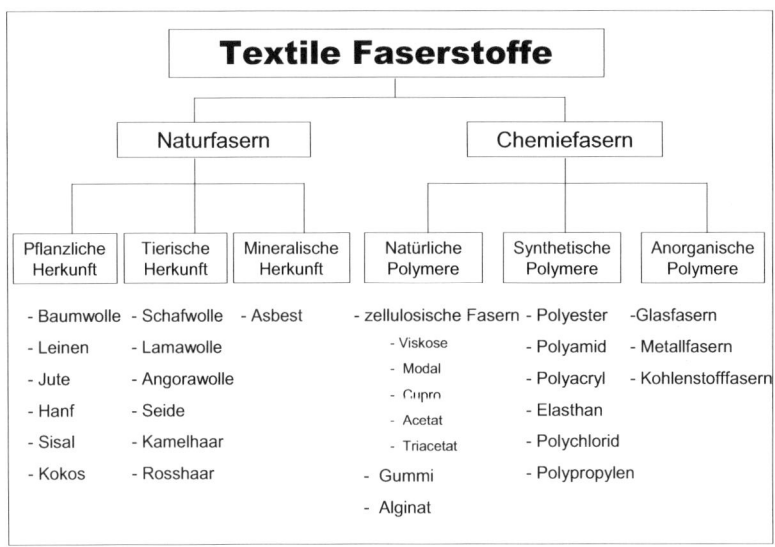

Abbildung 1: Systematik der textilen Faserstoffe[1]

---

[1] vgl. u.a. **R**osenkranz, Bernhard; Castelló, Edda: Leitfaden für gesunde Textilien - Kritische Warenkunde und Rechtsratgeber; Reinbek, 1989, S.19; Schneider, André Arno Anton: Internationalisierungsstrategien in der deutschen Textil- und Bekleidungsindustrie - eine empirische Untersuchung;

Im Bereich der <u>Naturfasern</u> stellt die Baumwolle heute den mit Abstand am häufigsten genutzten natürlichen Rohstoff in der Textil- und Bekleidungsindustrie dar. Nachdem im Europa des 17. und 18. Jahrhunderts vor allem Schafwolle und das aus der Flachspflanze hergestellte Leinen als Material die Herstellung von Bekleidung dominierten, konnte sich im Laufe des 18. und 19. Jahrhunderts die ostindische Baumwolle bei ihrer Einführung auf dem europäischen Markt durchsetzen. Dies ist einerseits auf vergleichsweise niedrigere Kosten, aber auch auf die Beschaffenheit, die Farbe und das Design zurückzuführen, welche die damaligen Konsumenten überzeugten.[2] Während in Europa noch um 1780 mit 78 % der größte Teil der Bekleidungsproduktion aus Wolle (18 % aus Leinen und 4 % aus Baumwolle) gefertigt wurde, kam ein Jahrhundert später die Baumwolle schon auf einen Anteil von 74 %. Bekleidung aus Schafwolle war auf 20 % bzw. aus Leinen auf 6 % gesunken.[3] Baumwollbekleidung hat den Vorteil, dass sie aufgrund ihrer strukturierten Faseroberfläche sehr hautfreundlich ist und überschüssige Körperwärme an die Umgebung abgibt. Sie kann bis zu einem Viertel ihres Gewichtes an Feuchtigkeit aufnehmen, ohne sich dabei nass anzufühlen. Weiterhin kann sie sich nicht elektrostatisch aufladen, was gegenüber vielen aus synthetischen Stoffen hergestellten Bekleidungen einen Vorteil darstellt.[4]

Chemische Fasern wurden erstmals im Jahr 1935 von amerikanischen Forschern hergestellt und als Nylon bekannt. In Deutschland konnten im Jahr 1938 ebenfalls aus einer chemischen Verbindung erstmals textile Fäden gesponnen werden, welche als Perlon be-

---

(Diss.) Frankfurt, 2003, S.75; Industrievereinigung Chemiefaser e.V. (Hrsg.): Chemiefasern - Grundbegriffe (Faltblatt); Frankfurt am Main; URL: www.ivc-ev.de (24.05.07)

[2] vgl. u.a. Clarkson, Leslie: The linen industry in early modern europe; in: The Cambridge history of western textiles (part 1), Cambridge University Press, 2003, S.473; Lemire, Beverly: Fashioning cottons: asian trade, domestic industry and consumer demand, 1660-1780; in: The Cambridge history of western textiles (part 1), Cambridge University Press, 2003, S.493

[3] Lehmann, Paulus Johannes: Die Kleidung unsere zweite Haut; Königstein, 1992, S.102

[4] vgl. Rosenkranz/Castelló: Leitfaden für gesunde Textilien, S.30-31

zeichnet wurden.[5] Der Bereich der chemischen Fasern lässt sich heute in drei Klassen bezüglich der zugrundeliegenden Polymere (chem. Verbindungen) unterteilen – die zellulosischen, die synthetischen und die anorganischen Faserstoffe.

Zellulosische Fasern werden aus Zellstoff hergestellt, der aus Holz und Baumwollabfällen gewonnen wird. Dieser wird mit Hilfe chemischer Zusätze zu einer zähen Flüssigkeit verarbeitet, welche dann durch Düsen zu einem Garn gepresst wird.[6] Die *synthetischen Fasern* hingegen haben als Ausgangsstoff das Erdöl, mit dessen Hilfe verschiedene Fasern hergestellt werden. Zunächst werden dem Erdöl unterschiedliche chemische Zusatzstoffe hinzugefügt. Je nach Beschaffenheit der dadurch entstandenen Masse werden dann dafür geeignete Verfahren angewandt, um diese durch kleine Düsen (ähnlich wie bei der zellulosischen Herstellung) zu den jeweiligen Garnen zu pressen.

Zu den *anorganischen Faserarten* gehören z. B. Glasfasern und Metallfasern. Sie werden hergestellt, indem Glas, bzw. Metall erhitzt und geschmolzen, und dann zu Fäden auseinandergezogen wird. Bei diesem Prozess entsteht ein Material, das nicht nur in der Textil- und Bekleidungsindustrie genutzt wird, sondern z.B. auch im Flugzeug- und Fahrzeugbau zur Verstärkung von Bauteilen zum Einsatz kommt. Die Verwendung der synthetischen Fasern ist sehr vielfältig. Seit einigen Jahren entstehen in diesem Bereich zunehmend neue Entwicklungen und Einsatzmöglichkeiten.[7]

---

5 Dallmann, Harald: High-Tech-Fasern; in: Karbon, Kokos, Samt und Seide - High-Tech-Fasern und edle Gewebe der Vergangenheit, Reutlingen, 2005, S.50
6 Industrievereinigung Chemiefaser e.V. (Hrsg.): Chemiefasern - Von der Herstellung bis zum Einsatz (Broschüre); Frankfurt am Main, S.5.2; URL: www.ivc-ev.de (24.05.07)
7 vgl. Dallmann, Harald: High-Tech-Fasern, S.51-52

4

2.1.2. Entwicklung der Welttextilfaserproduktion

Wie aus *Tabelle 1* ersichtlich wird[8], hat sich die Weltproduktion textiler Fasern in den letzten 35 Jahren verdreifacht (siehe auch *Abbildung 2*).

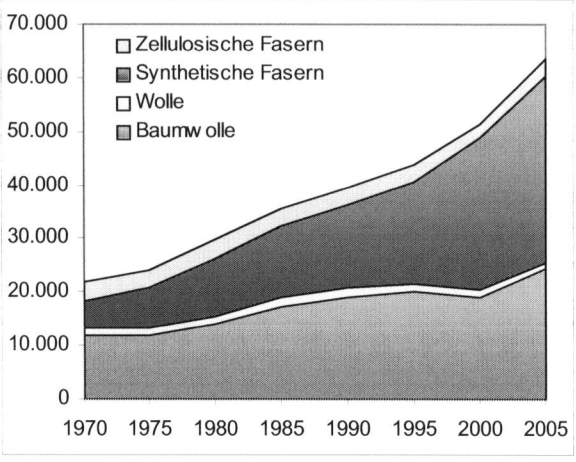

Abbildung 2: Welttextilfaserproduktion (in 1000t)[9]

Die Baumwollproduktion hat sich von 1970 bis 2005 in etwa verdoppelt, die Produktion synthetischer Fasern hat sich sogar von 4,8 Mio. Tonnen auf 34,9 Mio. Tonnen mehr als versiebenfacht, wobei Polyesterfasern neben den Polyamid-, Polyacryl- und sonstigen synthetischen Fasern heute den überwiegenden Anteil der Produktion ausmachen.[10]

Wenn nun davon ausgegangen wird, dass der Weltoutput der Textilfaserproduktion sich am Ende der Wertschöpfungskette auf die Konsumenten der weltweiten Textil- und Bekleidungsindustrie, d.h.

---

[8]   **Tabelle 1**: Weltproduktion von Textilfasern und Output pro Person → *siehe Anhang Tabellen: S.79*

[9]   eigene Darstellung nach: Industrievereinigung Chemiefaser e.V.: Branchendaten 2005; Website der Industrievereinigung Chemiefaser e.V.; URL: www.ivc-ev.de (24.05.07)

[10] Industrievereinigung Chemiefaser: Branchendaten 2005

auf die Weltbevölkerung verteilt, dann kann als Anhaltspunkt für die Entwicklung der Textilfaserproduktion der um das Wachstum der Weltbevölkerung bereinigte Zuwachs der Welttextilproduktion pro Person herangezogen werden.

Die Weltbevölkerung hat im Zeitraum zwischen 1970 und 2005 um etwa 75 % von 3,7 Mrd. auf 6,5 Mrd. Menschen zugenommen. Stellt man diese Zunahme dem Zuwachs der Weltbaumwollproduktion gegenüber, zeigt sich, dass der **Output pro Person** in diesem Zeitraum um 19 % zugenommen hat. Zu einer weitaus stärkeren Entwicklung kam es bei der Produktion synthetischer Fasern pro Person, welche einen Zuwachs von 415 % aufzeigt.

Die Bedeutung der Wollproduktion und der Produktion von zellulosischen Fasern hat indessen sowohl absolut, als auch im Verhältnis zur Weltbevölkerung abgenommen. Der Output pro Person dieser beiden Faserarten hat sich im betrachteten Zeitraum jeweils halbiert.

Die Gesamtproduktion von Textilfasern pro Person verzeichnet einen Anstieg um 68 %. Diese Zunahme kann auf verschiedene Faktoren zurückgeführt werden.

Im Laufe der zweiten Hälfte des letzten Jahrhunderts hat sich die Mode in der industrialisierten Welt grundlegend verändert. Durch technische Innovationen, welche eine immer günstigere Herstellung von Bekleidung möglich machten, war es möglich, auch der breiten Mittelschicht einen Zugang zu modischer Bekleidung zu bieten. Nach einer weitgehenden Marktsättigung im Bereich des textilen Konsums in den letzten Jahrzehnten versuchten die Bekleidungsunternehmen die Nachfrage durch eine Beschleunigung der Modezyklen weiterhin zu beleben. Während früher halbjährliche Kollektionswechsel der Modeunternehmen stattfanden, sind heute zum Teil schon monatliche Zyklen an der Tagesordnung, was den Verbrauch von Textilien weiter erhöht.[11]

Eine weitere Ursache für den Anstieg der Produktion vor allem im Bereich der synthetischen Fasern ist die zunehmende Technisierung, durch die wiederum neue Einsatzfelder für textile Fasern entstehen.

---

[11] Gandenberger, Carsten: Die Textilwirtschaft zwischen Effizienz und Nachhaltigkeit - Impulse zur Modernisierung des Managements; Beitrag zum Deutschen Studienpreis 2005, Körber-Stiftung, S.5

Hier sind vor allem die Bereiche Automobil, Sport, Bau, Werkstoffe und auch Landwirtschaft zu nennen, wo Chemiefasern immer mehr Anwendungen finden.[12]

2.2. Die Textile Kette

Um nun die weiteren Schritte im Verarbeitungsprozess der textilen Ausgangsstoffe nachvollziehen zu können, wird im Folgenden das System der sogenannten *Textilen Kette* beschrieben. Die Textil- und Bekleidungsindustrie kann in mehrere Produktionsstufen aufgegliedert werden, die sich im Bezug auf die technischen Voraussetzungen, die verwendeten Maschinen, die nötigen Kenntnisse und den nötigen Kapitaleinsatz zum Teil erheblich unterscheiden.[13]

Die folgende *Abbildung 3* zeigt schematisch eine Unterscheidung der Textilen Kette in eine engere und eine weitere Systemgrenze auf.

---

[12] Sassenrath, Bernd: Die internationalen Chemiefasermärkte im Wandel der Zeit; Ausführungen, 50 Jahre Industrievereinigung Chemiefaser e.V., Festveranstaltung am 24.06.2005, S.3

[13] vgl. u.a. **Keil**, Michael; **Konrad**, Wilfried; **Rubik**, Frieder: Integrierte Produktpolitik (IPP) am Beispiel der textilen Kette; Ministerium für Umwelt und Verkehr Baden-Württemberg, Stuttgart, 2004, S.7-8; **Botzenhardt**, Philipp; **Altenburg**, Tilman: eBusiness in der Bekleidungswirtschaft: Welche Chancen haben KMU ?; Deutsches Institut für Entwicklungspolitik, Bonn, 2001, S.2-3

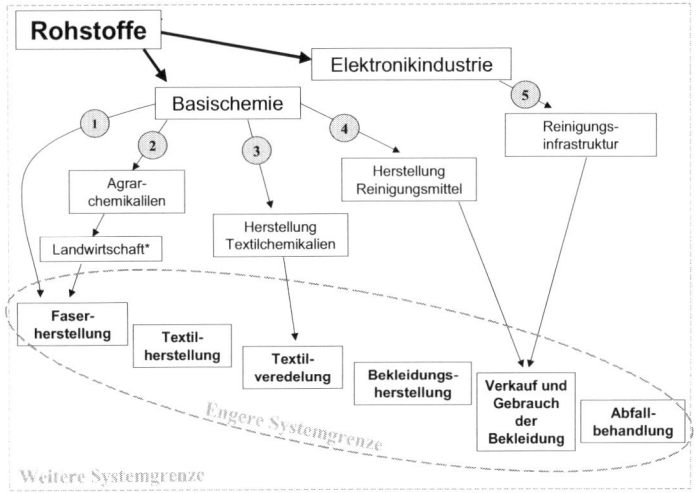

Abbildung 3: Schematische Struktur der Textilen Kette[14]   *Naturfaserkette*

Zunächst wird nun die *weitere Systemgrenze* beschrieben, die durch ein System verschiedener Nebenketten gekennzeichnet ist (in **Abbildung 3** durch Nummern markiert). Die Komplexität und technische Vielseitigkeit der gesamten Branche und die dadurch zustande kommenden Interdependenzen sollen damit verdeutlicht werden. Anschließend wird die *engere Systemgrenze* dargestellt, mir deren Hilfe dann die Definition des Begriffs Textil- und Bekleidungssektor erfolgt. Dieser Begriff markiert einen Teil der engeren Systemgrenze und wird Gegenstand der folgenden Untersuchungen sein.

2.2.1. Weitere Systemgrenze

Als Ausgangspunkt sind die jeweiligen Rohstoffe zu sehen, welche den Beginn aller Nebenketten markieren. Neben der Elektronikindustrie kommt nun die Basischemie, d.h. spezifische chemische Verbindungen, welche sich von Nebenkette zu Nebenkette unterscheiden, als weiterer Baustein im Produktionsprozess hinzu. Sie definiert z.B. im Zuge der *Kette 1* die <u>Kunstfaserkette</u>. Dort werden

---

14 eigene Darstellung nach Keil/Konrad/Rubik: Integrierte Produktpolitik, S.7

8

die Stoffe zur Herstellung synthetischer Fasern bereitgestellt. Diese bestehen in diesem Fall aus den Rohstoffen Erdöl bzw. Erdgas und werden dann der Faserherstellung in Form von Granulat oder Chips zur Verfügung gestellt.[15]

Die Agrarchemikalienkette (*Kette 2*) zeigt die Verbindung der industriellen Chemikalienherstellung zur landwirtschaftlichen Erzeugung natürlicher Fasern auf. Beim Anbau von Naturfasern kommen chemische Pflanzenbehandlungsmittel zum Einsatz, um den Ertrag der Ernten zu steigern. Dazu gehören Quecksilberverbindungen (zur Vorbehandlung des Saatguts), Pilzbekämpfungsmittel, Insektizide und andere Pestizide, welche vor allem in den Monokulturen der Baumwollplantagen zum Einsatz kommen.[16]

Die Landwirtschaft kann hier jedoch in zwei Teilbereiche aufgeteilt werden, da zwischen dem konventionellen (Naturfaserkette mit Agrarchemikalienkette) und dem ökologischen Anbau von Naturfasern (Naturfaserkette ohne Agrarchemikalienkette) unterschieden werden muss.

Die Textilchemikalienkette (*Kette 3*) beschreibt einen Wirtschaftszweig, der unterschiedliche chemische Stoffe zur Veredelung von Textilien produziert. Beispiele für solche Textilchemikalien sind Polyacrylate, Wasserstoffperoxid, Pyrophosphate, Polycarbonsäure, Natriumchlorit, Natronlauge und verschiedene Farbstoffe.[17]

Eine weitere mit der Textil- und Bekleidungsindustrie (im engeren Sinne) verbundene Nebenkette ist die Reinigungskette (*Kette 4*), in der die zur Reinigung und Pflege nötigen Substanzen hergestellt werden. Dazu gehören Waschmittel und deren Inhaltsstoffe, wie z.B. Tenside, verschiedene Wasserenthärter, Waschalkalien, Enzyme und Duftstoffe. Im Bereich der chemischen Reinigung kommen ebenfalls verschiedene Textilchemikalien (z.B. Bleichmittel) zum Einsatz, weswegen sich die Textilchemikalienkette und die Reinigungskette teilweise überschneiden.[18]

---

[15] Maute-Daul, Gabriele: Mode und Chemie; Berlin u.a., 1995, S.35-37
[16] Rosenkranz/Castelló: Leitfaden für gesunde Textilien, S.23-27
[17] Maute-Daul, Gabriele: Mode und Chemie, S.64-82
[18] vgl. **Maute-Daul, Gabriele**: Mode und Chemie, S.65-66 und **Bayrisches Landesamt für Umweltschutz** (Hrsg.): Wasch- und Reinigungsmittel; Augsburg, 2005, S.1-3

Zuletzt ist noch die Elektronikkette (*Kette 5*) zu nennen, die den Bereich der Reinigungsinfrastruktur beschreibt. Damit sind Geräte zur Reinigung und Pflege von Textilien und Bekleidung und deren Wartung gemeint, also Waschmaschinen, Trockner, Bügelmaschinen sowie die Dienstleistungen rund um die gewerbliche Reinigung.

2.2.2. Engere Systemgrenze

Nachdem die weitere Systemgrenze des Sektors gekennzeichnet wurde, wird nun der Sektor im engeren Sinne näher betrachtet. *Tabelle 2* zeigt die Gliederung der Klassifikation der Wirtschaftszweige im Bereich Textil- und Bekleidungsgewerbe.[19] Diese Aufgliederung besteht seit dem Jahr 1995, als im Rahmen der Harmonisierungsbestrebungen der Europäischen Union durch eine Verordnung eine einheitliche Klassifizierung in Kraft trat und in Deutschland die bis dahin geltende „Systematik der Wirtschaftszweige, Fassung für die Statistik im Produzierenden Gewerbe" kurz SYPRO, abgelöst wurde.[20]

Wie in *Abbildung 3* schon deutlich wurde, erstreckt sich der mehrstufige Produktionsprozess innerhalb der engeren Systemgrenze über verschiedene von einander abhängige Industriezweige, weshalb sich auch der Ausdruck *Textilpipeline* etabliert hat.

Abbildung 4 zeigt nun die einzelnen Schritte der engeren Systemgrenze. Die gelb eingefärbten Bereiche werden im weiteren Verlauf der Definition des Textil- und Bekleidungssektors dienen.

---

[19] **Tabelle 2:** Klassifikation der Wirtschaftszweige Textil- und Bekleidungsgewerbe → *siehe Anhang Tabellen, S.80*
[20] Riesch, Roman: Lage und Perspektiven der Textil- und Bekleidungsindustrie; (Diss.) Mainz, 2000, S.122-124

Faserherstellung	- Spinnstoffaufbereitung
	- Spinnstoffverarbeitung
Textilherstellung	- textile Flächen
	- Gewirke, Geflechte
	- Fertigprodukte
Textilveredelung	- Färberei
	- Druck
	- Ausrüstung
Bekleidungsherstellung	- Konfektionierung
Verkauf und	- Distribution
Gebrauch der Bekleidung	- Reinigungsinfrastruktur
	- Reinigungsmittel
Abfallbehandlung	- Second Hand
	- Recycling

Abbildung 4: Prozessstufen der Textilpipeline[21]

Die Herstellung der Fasern (in *Tabelle 2* durch Punkt 17.1 repräsentiert) bezieht sich auf die Spinnstoffaufbereitung und die Spinnstoffverarbeitung.

In der Spinnstoffaufbereitung werden die verschiedenen Rohstoffe auf den Spinnprozess vorbereitet.

Dazu gehört z.b. die Wollwäscherei, die Wollkämmerei oder die Herstellung von Reißspinnstoffen. In der Spinnstoffverarbeitung werden aus den Fasern die Garne gesponnen. Hier sind Baumwoll-, Woll-, oder Jutespinnereien zu nennen. Auch die Filz-, Watte- und Vliesstoffindustrie gehört zu diesem Bereich. Synthetische Garne werden mit Hilfe verschiedener Verfahren (Schmelzspinn-, Trockenspinn- und Nassspinnverfahren) aus unterschiedlichen Polymeren (siehe *Abbildung 1* auf S.2) hergestellt.[22]

---

[21] eigene Darstellung nach Riesch, Roman: Lage und Perspektiven, S.94-99 und Keil/Konrad/Rubik: Integrierte Produktpolitik, S.7
[22] vgl. Maute-Daul, Gabriele: Mode und Chemie, S.36-37

Die nächste Prozessstufe stellt die Textilherstellung dar. Sie macht den weitaus größten Teil der Klassifikation des Textilgewerbes aus (17.2 und 17.4 bis 17.7).

Dieses Gebiet kann auch als Garnverarbeitung bezeichnet werden – Webereien stellen textile Flächen und Gewebe her und die Maschinenindustrie produziert Gewirke und Geflechte. Außerdem werden in dieser Sparte auch textile Fertigprodukte erzeugt. Dazu gehört z.b. die Teppichindustrie, die Herstellung von Maschenware, Bettwäsche, Gardinenstoffen und Verbandsmitteln. Des Weiteren werden hier Möbel-, Dekorations-, Tuch- und Kleiderstoffe gewebt. Auch die Seiden- und Samtweberei lässt sich noch zu diesem Gebiet hinzuzählen.[23]

Der Industriezweig der Textilveredelung (Punkt 17.3 der Klassifikation) vollzieht nun jene Arbeitsschritte, welche notwendig sind, um die textile Rohware zu Endprodukten zu verarbeiten, die unterschiedlichste Gebrauchseigenschaften erfüllen sollen. Neben dem Färben und dem Bedrucken textiler Stoffe gibt es einige Methoden, die den Stoffen durch spezielle Bearbeitungsmethoden entsprechende Eigenschaften verleihen. Dazu gehört z.b. das Sengen (Abbrennen abstehender Fasern), das Entschlichten (Verkleben von Fasern), das Bleichen (Entfernen von Fetten und Samenschalen) das Mercerisieren (Vergrößern der Fasern durch Natronlauge), das Weißtönen (chemische Behandlung, die zu höherer Lichtreflexion führt) und die Appretur (Verleihung bestimmter Eigenschaften der Textiloberfläche, wie z.b. angenehmer Griff, guter Stand, geringe Entflammbarkeit, Wasserabweisung, u.a.).[24]

Der nächste Schritt in der Textilen Kette stellt nun die Herstellung von Bekleidung dar. Das Bekleidungsgewerbe ist in *Tabelle 2* durch Punkt 18 klassifiziert. Zunächst lässt dieses Gewerbe sich in das Bekleidungshandwerk und in die Bekleidungsindustrie unterteilen. Das Bekleidungshandwerk ist eine Branche, welche sich auf Spezialanforderungen und Reparatur vor allem von Damenoberbekleidung spezialisiert hat.[25] Durch die Entwicklung der industriellen

---

[23] Riesch, Roman: Lage und Perspektiven, S.96
[24] vgl. Maute-Daul, Gabriele: Mode und Chemie, S.59-105
[25] Schrenk, Andreas: Strukturelle Probleme der deutschen Bekleidungsindustrie nach der Uruguay-Runde des GATT; (Diss.) Hof, 2000, S.21

Herstellung von Bekleidung hat dieses Handwerk jedoch deutlich an Bedeutung verloren. Den weitaus größten Teil des Bekleidungsgewerbes stellt heute die Bekleidungsindustrie dar. In diesem Bereich findet die Konfektionierung aus den textilen Flächen, Garnen und anderen industriellen Erzeugnissen, wie z.b. Knöpfen, Reißverschlüssen oder formgebenden Teilen statt, die fertige Bekleidung wird also produziert.[26]

Der <u>Verkauf und Gebrauch der Bekleidung</u> stellt einen weiteren Schritt in der Textilpipeline dar. Im Bereich der Distribution sorgen spezialisierte Logistikdienstleister für die Steuerung des Waren- und Informationsflusses, um die Produkte den entsprechenden Vertriebskanälen zuzuführen.[27] Nach dem Kauf und dem Gebrauch der Bekleidung (in diesen Bereich fallen auch der Konsum von Produkten der oben schon beschriebenen Reinigungs- und Elektronikketten) folgt zuletzt die <u>Abfallbehandlung</u>. Neben der Weiterverwendung im sogenannten Second-Hand Bereich wird ein weiterer Teil der gebrauchten Bekleidung rezykliert und im Zuge des Recyclingprozesses zu geringer wertigen Gütern weiterverarbeitet.[28]

2.2.3. Definition des Textil- und Bekleidungssektors

Nun soll abschließend eine Einordnung des Textil- und Bekleidungssektors gemäß der den Statistiken zu Grunde liegenden Klassifikationen in den Kontext der aufgezeigten Textilen Kette vorgenommen werden. Damit wird eine Definition bereitgestellt, die im weiteren Verlauf dieser Arbeit als Anhaltspunkt dienen wird, wenn von **Textil- und Bekleidungssektor bzw. Textil- und Bekleidungsindustrie** die Rede ist, bzw. sich Zahlen auf den genannten Wirtschaftszweig beziehen:

---

[26] Keil/Konrad/Rubik: Integrierte Produktpolitik, S.7
[27] vgl. IHK Erfurt (Hrsg.): Aufgebügelt und knitterfrei - Textillogistik ist mehr als nur Transport; in: Wirtschaftsmagazin, Erfurt, April 2006
[28] Keil/Konrad/Rubik: Integrierte Produktpolitik, S.7

Der Textilsektor erstreckt sich demnach über die Bereiche der Faserherstellung, der Textilherstellung und der Textilveredelung. Der Bekleidungssektor beschränkt sich lediglich auf die Konfektionierung, also die Herstellung der Bekleidung.

(siehe erste vier Blöcke in *Abbildung 4*)

Bei dieser funktionalen Betrachtung der textilen Produktionsstrukturen wird deutlich, dass eine derartige Vernetzung unterschiedlichster Wirtschaftszweige auch eine starke Interdependenz bedeutet. Durch die internationale Arbeitsteilung, die in kaum einer Branche so ausgeprägt ist, wie in der Textil- und Bekleidungsindustrie, wird die Komplexität der strukturellen Verbindungen noch vergrößert. Die funktionale Eingrenzung, welche hier vorgenommen wurde, soll somit die Voraussetzung für das bessere Verständnis der später folgenden komparativen Betrachtungsweise schaffen.

2.3. Die Textil- und Bekleidungsindustrie der EU

Die europäische Textil- und Bekleidungsindustrie stellt einen wichtigen Sektor innerhalb des verarbeitenden Gewerbes der Europäischen Union dar. Ein breites Spektrum von Produkten wird dort hergestellt. Es reicht von traditionellen Wollgeweben bis zu synthetischen High-Tech Garnen sowie von Industriefiltern bis zur Baumwollbettwäsche[29]

2.3.1. Wichtige Kenndaten

Die im Folgenden genannten Zahlen beziehen sich auf die EU25 (die Mitgliedstaaten der Europäischen Union vor 2007), da Zahlen über die neuen Mitglieder Rumänien und Bulgarien, welche 2007 Mitglieder der Union wurden, nicht in die Statistiken der bisherigen Analysen miteinbezogen wurden.

Demnach wurden im Jahr 2004 in den etwa 74.000 Unternehmen des Textilgewerbes und den ungefähr 132.000 Unternehmen des Bekleidungsgewerbes insgesamt über 2,2 Mio. Menschen beschäftigt. Darüber hinaus wurde ein Umsatz von ca. 193 Mrd. Euro erwirtschaftet.

---

[29] Eurostat (Hrsg.): European Business - Facts and Figures – Data 1995-2004, Luxemburg, 2006, S.65

Wenn man nun den Textil- und Bekleidungssektor (T&B Sektor) in den Kontext des verarbeitenden Gewerbes einordnet, kommt die Zahl der Unternehmen auf einen Anteil von 9,6% an den insgesamt existierenden Unternehmen im verarbeitenden Gewerbe. Der Anteil der Beschäftigten dieser Branche beläuft sich auf 6,7% (3,3% im Textil- und 3,4% im Bekleidungssektor).

	absolut	Anteil am verarbeitenden Gewerbe
Zahl der Unternehmen	205.517	9,6%
Zahl der Beschäftigten	2.202.400	6,7%
Umsatz in Mrd. €	193	3,2%

Abbildung 5: T&B Sektor der EU25[30]

Die Anzahl der Beschäftigten in Unternehmen der Textil- und Bekleidungsindustrie liegt damit um fast ein Drittel niedriger, als durchschnittlich in Unternehmen des gesamten verarbeitenden Gewerbes. Dieser Sachverhalt kann durch die schon angesprochene Vielfältigkeit der Tätigkeiten und Produktionsstufen in diesem Bereich erklärt werden. Die Betriebe sind meist hochspezialisiert und besondere Verfahren und spezielle Maschinen sind notwendig, um in den jeweiligen Produktionsstufen der Textilen Kette konkurrieren zu können, weshalb kleinere bis mittlere Betriebe das Bild dieses Sektors bestimmen. Wie *Abbildung 6* zeigt, beschäftigen rund 80 Prozent der Unternehmen im Textil- und Bekleidungssektor weniger als 10 Personen. Nur ein halbes Prozent der Unternehmen beschäftigt über 250 Personen.

---

[30] eigene Darstellung nach Eurostat: Daten von 2004 für die Branchen DB17 (Textilgewerbe) und DB18 (Bekleidungsgewerbe) nach Klassifikation der Wirtschaftszweige - NACE Rev.1.1

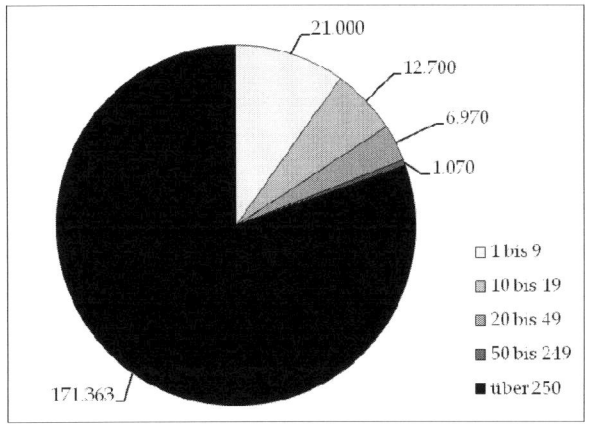

Abbildung 6: Zahl der Unternehmen nach Beschäftigtengrößenklassen[31]

Der Anteil des Umsatzes an dem der gesamten Industrie beläuft sich auf 3,2%. Wenn dieser Wert nun den Anteilen der Beschäftigten und der Unternehmen gegenübergestellt wird (6,7 %, bzw. 9,6 %), zeigt sich deutlich, dass im Textil- und Bekleidungssektor vor allem dem Bereich der Beschäftigung eine große Bedeutung zukommt.

Bei Veränderungen der Rahmenbedingungen oder auch bei konjunkturellen Schwankungen sind daher die Auswirkungen auf den Arbeitsmarkt im Vergleich zu anderen Branchen stärker. Da Kleinbetriebe im Gegensatz zu größeren Unternehmen in der Regel von den genannten Veränderungen intensiver betroffen sind, werden diese Auswirkungen durch die Miteinbeziehung der beschriebenen Beschäftigtengrößenklassen noch verstärkt.

2.3.2. Beschäftigungssituation

Ein detaillierter Blick auf die Beschäftigungssituation in der Textil- und Bekleidungsindustrie der EU wird in *Tabelle 3* gegeben.[32] Die wichtigsten Länder im Bezug auf die Beschäftigung sind Italien, Po-

---

[31] Textil- und Bekleidungsgewerbe der EU25 (Quelle: Eurostat – geschätzte Werte für 2003)

[32] **Tabelle 3**: Beschäftigte im Textil- und Bekleidungssektor der EU25 → *siehe Anhang Tabellen, S.82f*

len, Portugal, Spanien, Frankreich und Deutschland. In diesen sechs Ländern werden zusammen etwa 70 % der im Textil und Bekleidungsgewerbe der Europäischen Union Tätigen beschäftigt, wobei Italien an dieser Stelle mit mehr als 527.000 Beschäftigten hervorsticht und damit allein 23,9 % der insgesamt im T&B Sektor Beschäftigten in der EU stellt.[33]

Der Schwerpunkt der Beschäftigung liegt in den west- und nordeuropäischen Ländern eher auf dem Textilsektor, bei den süd- und osteuropäischen Ländern eher auf dem Bekleidungssektor.

Die Beschäftigung an sich nimmt seit geraumer Zeit kontinuierlich ab (siehe *Abbildung 7*).

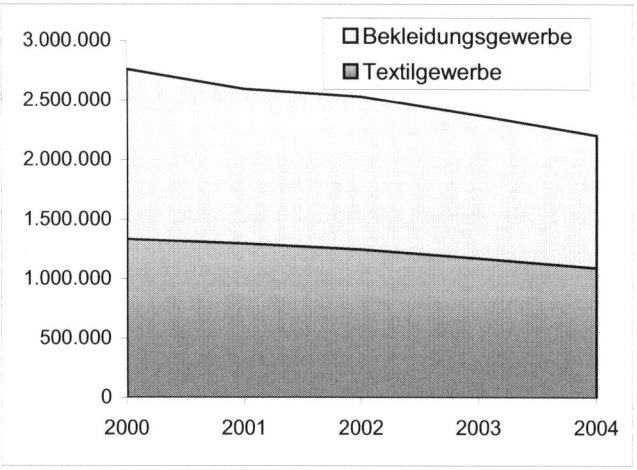

Abbildung 7: Beschäftigte im T&B Sektor der EU25[34]

---

[33] Seit dem Jahr 2007 sind mit Rumänien und Bulgarien zwei weitere wichtige Produzentenländer im T&B Bereich zur EU hinzugekommen. Allein in Rumänien werden ca. 410.000 Menschen in dieser Branche beschäftigt. Das macht ca. 15% der gesamten Beschäftigten der T&B Branche in der jetzigen EU27 aus (eigene Berechnung nach Eurostat) womit Rumänien bei der Beschäftigung nunmehr den zweiten Platz hinter Italien einnimmt.

[34] eigene Darstellung nach **Tabelle 3** → *siehe Anhang Tabellen, S.82f*

In den Jahren 2000 bis 2004 hat die Zahl der Beschäftigten in den Ländern der Europäischen Union um etwa 20 % abgenommen.[35] Am größten war der Rückgang in Großbritannien und Irland, wo in diesem Zeitraum fast die Hälfte der Arbeitsplätze wegfiel. Wie im gesamten EU Raum, fand auch in Großbritannien der größere Teil der Reduktion in der Bekleidungsbranche statt, wo etwa 60 % der Stellen abgebaut wurden, wohingegen die Textilbranche nur 31 % verlor. Auch Dänemark, Niederlande und Schweden haben erhebliche Einbußen hinnehmen müssen. Der Verlust ist auch hier vor allem im Bereich des Bekleidungsgewerbes anzusiedeln, der in diesen Ländern jeweils über 40 % liegt.

In Frankreich, Deutschland und Spanien gingen etwa ein Fünftel der Arbeitsplätze im Textil- und Bekleidungssektor verloren, wobei in diesen Ländern der Unterschied zwischen den beiden Teilbereichen nicht so ausgeprägt war, wie bei den andern genannten Ländern.

Weniger als der EU Durchschnitt verloren die großen europäischen Produzentenländer Italien und Portugal mit 15 % bzw. 11 %. Auch einige osteuropäische neue Beitrittsländer (Slowakei, Estland, Lettland, Litauen) haben in den Jahren 2000 bis 2004 keine großen Einbußen bei der Beschäftigung hinnehmen müssen. In Estland erhöhte sich die Zahl der Beschäftigten sogar um 4 %.[36]

2.3.3. Umsatzsituation

In *Tabelle 5* wird nun die Situation der europäischen Textil- und Bekleidungsindustrie im Bezug auf die erzielten Umsätze dargestellt.[37] Dort ist die Verteilung wesentlich konzentrierter, als im Bereich der Beschäftigung. Die wichtigsten Länder sind Italien, Frankreich und Deutschland, die zusammen über 61 % des Umsatzes in der Europäischen Union erwirtschaften. Nimmt man noch Großbritannien und Spanien hinzu, kommen die Unternehmen die-

---

[35] Im Bekleidungssektor nahm die Beschäftigung mit 22 % etwas stärker ab, als im Textilsektor, der 18 % einbüßte.
[36] Zu weiteren Werten der Beschäftigungsveränderung siehe auch **Tabelle 4:** Veränderungen der Beschäftigtenzahl im Textil- und Bekleidungssektor der EU25 (2000-2004)→ *siehe Anhang Tabellen auf S.84*
[37] **Tabelle 5:** Umsatz im Textil- und Bekleidungsgewerbe der EU25 → *siehe Anhang Tabellen S.85f*

ser fünf Länder schon auf einen Anteil von 78 % am gesamten im Textil- und Bekleidungsgewerbe erzielten Umsatz.[38]

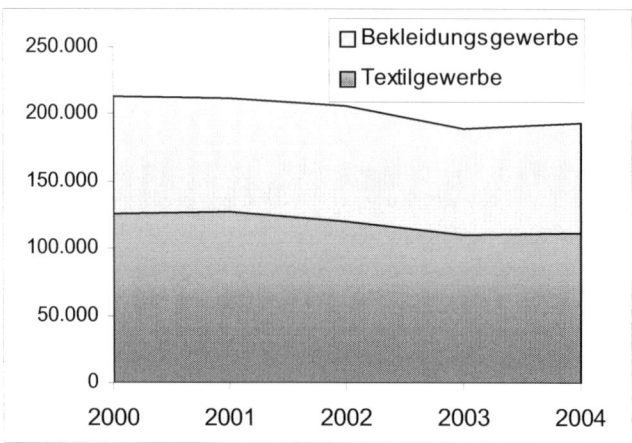

Abbildung 8: Umsatzentwicklung im T&B Sektor der EU25 (in €)[39]

Die Entwicklung des Umsatzes im Zeitraum zwischen 2000 und 2004 fällt weniger drastisch aus, als es bei der Beschäftigung zu beobachten war. Der Umsatz im Textil- und Bekleidungsgewerbe hat um 10 Prozent abgenommen.[40] Allerdings ist im Gegensatz zu der Entwicklung der Beschäftigung anzumerken, dass bei dem Vergleich der Umsatzentwicklung in den einzelnen Mitgliedsstaaten eine Einteilung in Gewinner und Verlierer möglich ist. Großbritannien, Irland, Belgien und Zypern gehören mit einem Verlust von jeweils etwa 30 Prozent zu den größten Verlierern, wobei in Belgien vor allem das Bekleidungsgewerbe große Umsatzeinbußen zu verzeichnen hatte (64 %). Weiterhin sind die Niederlande, Dänemark und Österreich zu nennen, deren Unternehmen jeweils etwa ein Fünftel des Umsatzes verloren. Weniger betroffen sind die im Bezug auf den Umsatz wichtigsten Länder Italien (-1 %), Frankreich (-11%) und Deutschland (-13 %). Die Unternehmen jener Länder, die im Be-

---

[38] eigene Berechnungen für 2004 nach **Tabelle 5**
[39] eigene Darstellung nach **Tabelle 5** → *siehe Anhang Tabellen S.85g.*
[40] Im Textilsektor ging er um 11 % zurück, im Bekleidungssektor lediglich um 7 %.

19

reich der Beschäftigung weniger Einbußen zu verzeichnen hatten, konnten beim Umsatz zum Teil sogar zulegen. Dazu gehören die Industrien in Ungarn und Slowenien, aber auch Estland, Litauen und die Slowakei, wo die Umsätze jeweils um etwa 30 % stiegen.[41]

Dieser erste Überblick über die europäische Textil- und Bekleidungsbranche hat ein vielseitiges und im Bezug auf die einzelnen Mitgliedsstaaten sehr unterschiedliches Bild der ökonomischen Situation gezeichnet. Der Zusammenhang zwischen der Beschäftigungsentwicklung und der Entwicklung des Umsatzes kann als Anhaltspunkt für die jeweilige Spezialisierung der Länder auf arbeits- bzw. kapitalintensiv hergestellte Textilien und Bekleidung gesehen werden und die Entwicklung in diesen beiden Bereichen dient in diesem Zusammenhang als Indikator, wie gut, bzw. schlecht die jeweiligen Produzentenländer auf die fortlaufende Liberalisierung des Welthandels eingestellt sind. Die komparativen Kostenvorteile gegenüber anderen Produzentenländern werden damit rudimentär sichtbar. Um weitere Kriterien für den Vergleich der komparativen Kosten zu erarbeiten, folgt nun eine Auseinandersetzung mit der allgemeinen Theorie des Außenhandels.

---

[41] Rumänien und Bulgarien, die als neue Mitglieder noch nicht in die Berechnung miteinbezogen wurden, gehören wie schon bei der Beschäftigungssituation gezeigt wurde, auch beim Umsatz zu den größten Gewinnern. In den rumänischen Unternehmen stieg er um 54 %, in den bulgarischen sogar um 115 %. Einen Überblick über die Entwicklungen der Umsätze gibt **Tabelle 6:** Veränderung des Umsatzes der Textil- und Bekleidungsindustrie der EU25 2000-2004 → *siehe Anhang Tabellen auf S.87*

3. Die Theorie des Außenhandels und ihre Anwendung auf den Textil- und Bekleidungssektor

Wie im ersten Kapitel deutlich wurde, stellt der Textil- und Bekleidungssektor einen vielschichtigen Komplex dar, welcher sich einerseits durch die unterschiedlichen Materialien auszeichnet, die natürlichen oder auch synthetischen Ursprungs seien können. Andererseits findet die vielseitige Verarbeitung dieser Materialien in den unterschiedlichsten Wirtschaftszweigen statt, die für sich wiederum neue Zwischen- und Endprodukte erzeugen. Diese Materialien und Industriezweige wurden in ein logisches und zum Teil chronologisches System der Textilen Kette eingeordnet, womit eine inhaltlich-funktionale Ebene geschaffen werden konnte. Weiterhin wurde die europäische Textil- und Bekleidungsindustrie in ihren Grundstrukturen beschrieben und die Veränderungen der letzen Jahre dargestellt.

Im Folgenden sollen diese Zusammenhänge nun mit einer weiteren Ebene in Verbindung gebracht werden. Die Warenströme im Rahmen der zunehmend globalisierten Weltwirtschaft bilden (nicht nur im T&B Sektor) ein System internationaler Arbeitsteilung, welches durch die ständige Veränderung von Marktanteilen, Arbeitsmärkten und rechtlichen Rahmenbedingungen gekennzeichnet ist. Um die europäische Textil- und Bekleidungsindustrie in diesem Zusammenhang einordnen zu können, soll nun ein Rückgriff auf die klassische Theorie des Außenhandels folgen. Nach einer allgemeinen Darstellung folgt eine kritische Auseinandersetzung und die Erweiterung des Heckscher-Ohlin-Modells, um daraus dann die notwendigen Kriterien einer komparativen Analyse ableiten zu können.

3.1. Klassische Theorie des Außenhandels – Kritik und Empirie

3.1.1. Ansätze der klassischen Theorie des Außenhandels

Die klassische Theorie des Außenhandels geht zunächst einmal davon aus, dass die Aufnahme von Handel zwischen zwei Ländern zu einer Verbesserung für die beteiligten Akteure führt. Im rudimentären 2-Güter 2-Länder Modell wird die Verbesserung durch einen Zuwachs an Output repräsentiert. Die sogenannte *Koopmanns Effizienz* beschreibt einen Zustand, in welchem „keine andere Faktorallokation existiert, in der bei gegebener Produktionsmenge eines

Gutes von einem anderen Gut mehr produziert werden kann."[42] Wenn die Grenzraten der Transformation zweier Länder, die keinen Einfluss auf die Entwicklung des Weltmarktpreises haben, übereinstimmen und sich damit ihre Transformationskurven in einer Produktions-Edgeworthbox mit zwei Ländern und zwei Gütern tangieren, werden im Gegensatz zu dem Falle der voneinander isolierten Produktion beider Länder insgesamt mehr Güter produziert.[43] Diese Wohlfahrtsgewinne, welche der Welt als Gesamtheit zufallen, gelten als Ursache und Motivation für internationalen Handel, und haben sich in Form der Freihandelsdoktrin manifestiert.

Zur Erklärung des Gütertausches mehrerer Länder lieferte David Ricardo schon 1817 in seinem Werk *The Principles of Political Economy and Taxation* mit dem Theorem der komparativen Kosten ein erstes ökonomisches Modell, um zu zeigen, dass sich zwei Länder, die mit unterschiedlichen Arbeitsproduktivitäten ausgestattet sind, in einem Modell mit Arbeit als einzigem Inputfaktor jeweils auf die Produktion desjenigen Gutes spezialisieren, bei dessen Herstellung sie die größten komparativen Vorteile im Bezug auf die Arbeitsproduktivität besitzen. Diese Spezialisierung kommt selbst dann zu Stande, wenn das jeweilige Land einen absoluten Kostenvorteil bei der Herstellung beider Güter hat. Es kann hierbei auch zur vollständigen Spezialisierung auf die Produktion eines einzigen Gutes kommen. Als Ergebnis stellen beide Länder insgesamt mehr von beiden Gütern her und jedes Land exportiert dasjenige Gut, in dessen Herstellung es eine relativ höhere Arbeitsproduktivität besitzt.[44]

Einen weiteren wichtigen Ansatz der klassischen Theorie stellt das Heckscher-Ohlin-Modell von 1919 dar, welches von Eli Heckscher und seinem Schüler Bertil Ohlin entwickelt wurde.[45] Hier wird das

---

42 Siebert, Horst: Außenwirtschaft; Stuttgart, 2000, S.171
43 vgl. Zweifel, Peter; Heller, Robert: Internationaler Handel: Theorie und Empirie; Heidelberg, 1997, S.384-386 und Siebert, Horst: Außenwirtschaft, S.171-176
44 Siebert, Horst: Außenwirtschaft, S.29-33
45 vgl. hierzu: Gandolfo, Giancarlo: International Trade Theory and Policy; Berlin u.a., 1998, S.65-66; Zweifel/Heller: Internationaler Handel, S.132-137; Bender, Dieter: Internationaler Handel; in: Bender, D. ; Berg, H. ; Cassel, D.

2-Länder 2-Güter Modell mit den zwei Inputfaktoren Arbeit und Kapital versehen. Es wird argumentiert, dass die Technologien bei homogenen Gütern international dieselben seien und die Ursache für die Spezialisierung und damit für die Aufnahme von Handel in den unterschiedlichen Faktorausstattungen der beteiligten Länder zu suchen ist. Dabei kommt es nicht nur auf die absolute Ausstattung mit den jeweiligen Faktoren Arbeit und Kapital an, sondern vor allem auf die relative Ausstattung der Länder mit diesen Faktoren, die sogenannte Faktorintensität.

Demnach gibt es ein Gut, dessen Herstellung relativ arbeitsintensiv ist, und ein Gut, das im Gegensatz dazu relativ kapitalintensiv in seiner Herstellung ist. Die zentrale Aussage der klassischen Außenhandelstheorie nach Heckscher und Ohlin ist nun, dass jedes Land dasjenige Gut exportieren (sich also auf dessen Herstellung spezialisieren) wird, zu dessen Herstellung derjenige Faktor relativ intensiv genutzt wird, mit dem das Land relativ reichlich ausgestattet ist (*Faktorproportionen-Theorem*). Auch hier ist in der Regel die Folge, dass insgesamt mehr von beiden Gütern produziert wird, als es im Autarkiezustand der Länder der Fall wäre, und damit der Wohlstand der Welt durch die Aufnahme von Handel zunimmt[46].

Sowohl die ricardianische Theorie, als auch der Ansatz von Heckscher und Ohlin sind zwar immer noch die zentralen Ausgangspunkte der modernen Außenhandelstheorie, sie wurden jedoch teilweise in Frage gestellt, bzw. es wurde versucht, sie durch empirische Untersuchungen zu überprüfen.

3.1.2. Kritik und Erweiterung der klassischen Theorie

Das Modell von Heckscher und Ohlin betrachtet zwei Länder, die jeweils zwei Güter produzieren und in diesem Rahmen lediglich über die Faktoren Arbeit und Kapital verfügen. Darüber hinaus werden die Annahmen des vollkommenen Wettbewerbs auf den

---

u.a.: Vahlens Kompendium der Wirtschaftstheorie und Wirtschaftspolitik, Band 1, Nördlingen, 2003, S.495-498

[46] Der Ausnahmefall, in dem beide Länder identische Faktorintensitäten besitzen, führt dazu, dass kein Handel zustande kommt, da der Optimalzustand schon erreicht ist.

Faktor- und Gütermärkten sowie der internationalen Homogenität der Faktoren zu Grunde gelegt.

Die Realität des internationalen Handels zwischen Volkswirtschaften sieht jedoch weitaus komplexer aus und es stellt sich somit die Frage, ob die klassische Theorie der komparativen Vorteile überhaupt auf eine Fragestellung angewendet werden kann, die sich mit realen Handelsströmen und Spezialisierungsvorgängen beschäftigt, wie es auch in der Textil- und Bekleidungsindustrie der Fall ist. Dabei sind vor allem die Faktorreichlichkeit der Länder, die Faktorintensitäten der einzelnen Sektoren sowie die Güterströme zwischen den Ländern zu berücksichtigen.

Der spätere Nobelpreisträger Wassily Leontief führte 1947 eine Studie durch, in der er versuchte, das Heckscher-Ohlin-Theorem durch eine empirische Untersuchung anhand der USA zu überprüfen. Er ging der Frage nach, welche Faktormengen freigesetzt werden würden, wenn denn die USA sowohl ihre Importe, als auch ihre Exporte um 1 Millionen US$ senken würden.[47] Er verwendete dafür eine Input-Output-Tabelle, anhand derer er die Effekte der jeweiligen Veränderungen errechnete. Leontief kam zu dem Ergebnis, dass der Arbeitsinput für die Produktion von Exportgütern größer war, als der Arbeitsinput für die jeweiligen Importsubstitute. Gleichzeitig war der Kapitaleinsatz für die Exportgüter kleiner als der Kapitaleinsatz für die dazugehörigen Importsubstitute. Das bedeutete, dass die USA arbeitsintensive Güter exportierten und kapitalintensive Güter importierten. Das Heckscher-Ohlin-Theorem war demnach für das (der damals vorherrschenden Meinung nach) relativ kapitalreiche Land USA widerlegt.

Daraufhin wurden Versuche unternommen, durch Erweiterungen und Modifikationen der Faktorproportionentheorie Hypothesen aufzustellen, die der empirischen Überprüfung standhalten würden. Ein Ansatz zur Lösung des Leontief-Paradoxons stellt das *Neo-Faktorproportionentheorem* dar, welches für die Produktionsfaktoren Arbeit und Kapital die Homogenitätsannahme aufhebt.[48] Hierbei wird nun davon ausgegangen, dass einerseits der Faktor Arbeit in zwei Kategorien aufgeteilt werden kann, nämlich in geringqualifi-

---

47 vgl. hierzu: Siebert, Horst: Außenwirtschaft, S.83-85
48 vgl. hierzu: Bender, Dieter: Internationaler Handel, S.501-503

zierte und hochqualifizierte Arbeit. Andererseits kann aber auch der Kapitalbegriff um die Kategorie Humankapital erweitert werden, was denselben Sachverhalt darstellt. Diese Aufteilung folgt der Überlegung, dass die Herstellung von Gütern nicht nur durch den bloßen Einsatz von Arbeitskräften und Kapital definiert ist, sondern dass der Anteil der qualifizierten bzw. geringqualifizierten Arbeit an der Arbeitsausstattung der verschiedenen Länder auch die komparativen Vorteile in der Herstellung der verschiedenen Güter erklärt, welche wiederum unterschiedliche Intensitäten bezüglich der Qualifikation besitzen. Einige Studien in der zweiten Hälfte des 20. Jahrhunderts (z.B. Fels 1971, Lowinger 1971, Hirsch 1974) kamen zu dem Ergebnis, dass dieser Ansatz durchaus der empirischen Überprüfung standhalten kann und im Vergleich zwischen hochentwickelten Industrieländern und halbindustrialisierten Entwicklungsländern am aussagekräftigsten ist.[49]

Weitere Erweiterungen der klassischen Theorie beschäftigen sich mit verschiedenen Teilbereichen des internationalen Handels (siehe *Abbildung 9*).

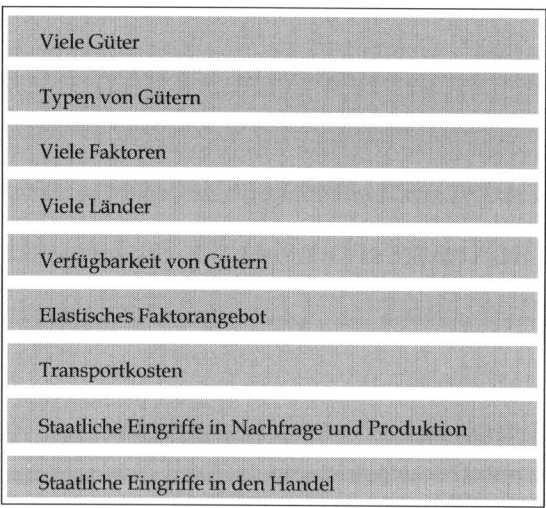

Viele Güter

Typen von Gütern

Viele Faktoren

Viele Länder

Verfügbarkeit von Gütern

Elastisches Faktorangebot

Transportkosten

Staatliche Eingriffe in Nachfrage und Produktion

Staatliche Eingriffe in den Handel

Abbildung 9: Erweiterungen der klassischen Theorie des Außenhandels[50]

[49] Bender, Dieter: Internationaler Handel, S.502-503
[50] eigene Darstellung nach Siebert, Horst: Außenwirtschaft, S.88-89

Sie beziehen Erscheinungen mit ein, die bis dahin bei den klassischen Ansätzen ausgeschlossen waren. Vor allem die Annahme, dass nur Endprodukte international beweglich sind, wurde durch einige neue Ansätze entkräftet. Weiterhin beschäftigen sich einige Arbeiten mit den Unterthemen unvollkommene Konkurrenz, Handelshemmnisse, steigende Skalenerträge und Externalitäten. Es hat also eine Spezialisierung auf verschiedene Teilbereiche stattgefunden, um eine realitätsnähere Abbildung der jeweiligen Probleme schaffen zu können. Allgemeine Theoreme, die den gesamten Bereich der reinen Außenhandelstheorie betreffen, werden meist nicht mehr entwickelt.[51]

Aus der klassischen Theorie und deren Erweiterungen sollen nun einige Aspekte herangezogen werden (insbesondere das Neo-Faktorproportionentheorem), um den Textil- und Bekleidungssektor der EU-Staaten in den Kontext der internationalen Arbeitsteilung zu setzen. Einerseits kann damit der Ist-Zustand der Branche beschrieben, andererseits einige Tendenzen abgeleitet werden, welche in Verbindung mit der anschließend folgenden Auseinandersetzung mit den bestehenden (für die Textil- und Bekleidungsindustrie spezifischen) Marktverzerrungen ein Gesamtbild ergeben. Dieses soll dann der Folgerung von Perspektiven und nötigen Anpassungsprozessen dienen.

3.2. Kriterien zur empirischen Einordnung von Kostenvorteilen

In der Diskussion um die Liberalisierung des Welthandels besteht ein breiter Konsens über die Annahme, dass komparative Vorteile durch eine größere relative Ausstattung mit den jeweiligen Produktionsfaktoren entstehen. Insbesondere die Erweiterung des herkömmlichen Arbeitsbegriffes um die Qualifikation hat der moderneren Theorie des Außenhandels zu empirischer Glaubwürdigkeit verholfen. Der Textil- und Bekleidungssektor bietet für diese Einteilung in arbeitsintensive, kapitalintensive und humankapitalintensive Teilbereiche eine gute Grundlage. Darum soll hier zunächst eine Einteilung in spezifische Güterklassen erfolgen. Daraufhin werden die jeweiligen Faktorausstattungen der am Textil- und Be-

---

[51] Niehans, Jürg: Geschichte der Außenwirtschaftstheorie im Überblick; Tübingen, 1995, S.93-94

kleidungsmarkt beteiligten Länder untersucht, um diese Akteure dann im Sinne der dargestellten Theorie zu analysieren.

3.2.1. Güterklassen im Textil- und Bekleidungssektor

Um eine Einordnung der komparativen Kostenvorteile im Kontext des Textil- und Bekleidungssektors vornehmen zu können, ist zunächst eine Einteilung der weltweit hergestellten Produkte in geeignete Produktionsschritte bzw. Güterklassen notwendig. Zunächst erscheint eine grundsätzliche Unterteilung in Textilien und Bekleidung sinnvoll, da es sich dabei jeweils um in der Regel voneinander getrennte Wirtschaftszweige handelt, wie zuvor schon gezeigt werden konnte.

Textilien können eingeordnet werden in die Herstellung und Veredelung von textilen Garnen und textilen Flächen und weiterhin in die Herstellung industrieller, bzw. technischer Textilien sowie in die Produktion von Heimtextilien.

Die Herstellung und Veredelung von textilen Garnen und textilen Flächen ist (wie unter 2.2.2. schon beschrieben) „... in eine Folge spezialisierter Berufstätigkeiten segmentiert, die zum Teil von einzelnen Industriebetrieben übernommen werden..."[52]

Technische Textilien sind Fasern und Gewebe, welche in weiten Teilen der Industrie weiterverwendet werden (Bsp. Automobilherstellung, Luftfahrt, Bau, Landwirtschaft, Medizin, usw.). Heimtextilien sind beispielsweise Teppiche, Vorhänge, Bettwäsche und andere für den häuslichen Gebrauch hergestellte textile Produkte.

Bekleidung soll hier in eine Klasse Bekleidung (Vollimporte) und in eine Klasse Bekleidung (Passive Lohnveredelung) unterteilt werden, da im Bereich der Bekleidung unterschiedliche Herstellungs- und Absatzprozesse stattfinden. Der Begriff Bekleidung (Vollimporte) beschreibt diejenige konfektionierte Ware, die komplett in Lieferländern hergestellt und dann als Ware in die Importländer importiert wird. Bekleidung (Passive Lohnveredelung) bezeichnet Bekleidungserzeugnisse, deren Herstellung schon in Importländern

---

[52] Europäische Kommission (Hrsg.): Textilien - Vergangenheit, Gegenwart, Zukunft; in: Europäische Kommission (Hrsg.): Europäische Textilien - Gerettet durch die Forschung?, FTE-Info Nr.45, 2005, S.9

beginnt, die in Lieferländern bearbeitet, bzw. konfektioniert und anschließend wieder in die Importländer reimportiert werden.

Nachdem im Folgenden geeignete Komparationskriterien vorges-
tellt und auf relevante Länder angewandt werden, sollen mit deren
Hilfe die eben geschilderten Güterklassen analysiert werden, um
jeweils eine Aussage über die Kostenvorteile treffen zu können,
welche die jeweiligen Produzentenländer aufweisen.

3.2.2. Faktorausstattung Arbeit

Ausgehend von der behandelten Theorie kann angenommen wer-
den, dass die Faktorausstattung eines Landes mit der Faktorintensi-
tät der Produktion der einzelnen Sektoren korreliert ist. Ein mit dem
Faktor Arbeit relativ reichlich ausgestattetes Land hat also einen
Produktionsvorteil in der Herstellung von arbeitsintensiv produ-
zierten Gütern. Mit Arbeitsreichlichkeit ist in diesem Kontext die
Ausstattung mit geringqualifizierter Arbeit gemäß der Neo-
Faktorproportionentheorie gemeint. Die empirische Ermittlung der
Arbeitsreichlichkeit in diesem Sinne ist jedoch nicht einfach durch-
zuführen. Es genügt nicht, die in einem Jahr insgesamt abgeleisteten
Arbeitsstunden eines Landes aufzuzeigen, da keine Aussage über
die Effizienz der geleisteten Arbeit möglich ist.[53] Daher stellt sich für
den Textil- und Bekleidungssektor die Frage, über welche Kennzif-
fer man eine Aussage darüber treffen kann, welches Land bei der
Produktion arbeitsintensiv hergestellter Güter in der Realität tatsächlich einen Vorteil besitzt. Arbeitsintensiv hergestellte Güter stellen in dieser Branche diejenigen Güter dar, die durch un-
qualifizierte, günstige Arbeiter produziert werden können und zu
deren Herstellung relativ wenig Kapitaleinsatz benötigt wird. Daher
bietet sich der internationale Vergleich der Arbeitskosten an, anhand dessen die Vorteile im Bereich der arbeitsintensiven Güterklassen deutlich werden.

Tabelle 7 stellt einen Vergleich der internationalen Arbeitskosten in
der Textil- und in der Bekleidungsindustrie an.[54]

---

53 Siebert, Horst: Außenwirtschaft, S.48
54 **Tabelle 7** → *siehe Anhang Tabellen, S.88*

Es werden dazu 55 Länder herangezogen, welche den überwiegenden Teil der am Textil- und Bekleidungshandel Beteiligten repräsentieren. *Abbildung 10* zeigt eine Zusammenstellung der Arbeitskosten pro Stunde, welche in den Textilindustrien der einzelnen Länder üblich sind.

> 15 $	USA, Kanada, Australien, Japan, Großbritannien, Irland, Dänemark, Schweden, Finnland, Niederlande, Belgien, Frankreich, Deutschland, Österreich, Italien
5 – 15 $	Spanien, Portugal, Griechenland, Malta, Israel, Taiwan, Süd Korea, Hong Kong
1 – 5 $	Tschechien, Slowakei, Rumänien, Bulgarien, Polen, Ungarn, Estland, Türkei, Marokko, Tunesien, Oman, Südafrika, Mauritius, Mexiko, Peru, Brasilien, Argentinien, Venezuela, Kolumbien, Thailand, Malaysia
< 1 $	China, Indien, Sri Lanka, Pakistan, Ägypten, Kenia, Indonesien, Bangladesch, Vietnam

Abbildung 10: Arbeitskosten pro Stunde im Textilsektor 2004 (in US$)[55]

Die Arbeitskosten im Bekleidungssektor weisen mit wenigen Ausnahmen eine fast identische Abstufung auf, wie sie in dieser Abbildung zu sehen ist. Sie sind im Durchschnitt der vorhandenen Daten jedoch um etwa 13 % geringer anzusiedeln.

Die Verteilung der Arbeitskostenblöcke im Textilbereich lässt sich hier in verschiedene Kategorien aufteilen. Nordamerika, Australien, und große Teile Westeuropas sind Regionen, in denen für eine Arbeitsstunde in der Produktion von Textilien mehr als 15 US Dollar bezahlt werden muss. Sie zählen damit zu den <u>Hochlohnregionen</u>

---

[55] eigene Darstellung nach **Tabelle 7**: Arbeitskosten pro Stunde im Textil- und Bekleidungssektor 2004 (US $) → *siehe Anhang Tabellen, S.88*

der Welt. Die südeuropäischen mediterranen Produzentenländer[56], Südkorea und die chinesischen Sonderwirtschaftszonen Taiwan und Hong Kong stellen die mittleren Lohnländer dar. Die Niedriglohnländer umfassen den Bereich zwischen einem und vier US$ pro geleisteter Arbeitsstunde. Darunter fallen die osteuropäischen Staaten, die Türkei, einige nordafrikanische Länder, Mittel- und Südamerika sowie Thailand und Malaysia.

Den größten komparativen Vorteil bei der Herstellung arbeitsintensiver Textilien und Bekleidung haben die Niedrigstlohnländer, welche durch China, Indien, Pakistan, einige afrikanische Länder und große Teile Südostasiens repräsentiert werden.[57]

3.2.3. Faktorausstattung Kapital

Wie im letzten Punkt, wird auch an dieser Stelle davon ausgegangen, dass die Faktorausstattung eines Landes mit der Vorteilhaftigkeit der Produktion von bestimmten Gütern oder Güterklassen in Verbindung steht. Bei einem kapitalreichen Land kann demnach angenommen werden, dass diese einen komparativen Vorteil in der Produktion kapitalintensiv hergestellter Güter besitzt. Zur Messung der Kapitalreichlichkeit sind nach Siebert nun zwei Möglichkeiten gegeben.[58]

Mögliche Variablen:

- Kapitalausstattung pro Arbeiter

- Relativer Preis des Kapitals (Lohnsatz / Zinssatz)

Die Weltbank nutzt zur Klassifizierung von Ländern das Bruttonationaleinkommen pro Kopf, um deren Kapitalsituation zu analysieren und um ihre Kreditwürdigkeit zu ermitteln.[59]

---

[56] ausgenommen Italien, das hierbei mit 19,76 $ zu den Hochlohnländern im Textilsektor gehört.

[57] Hier wurden mit Indonesien, Bangladesch und Vietnam nur einige der Niedrigstlohnländer aus der Weltregion Südostasien genannt, um eine gewisse Übersichtlichkeit der Darstellung zu gewährleisten.

[58] vgl. Siebert, Horst: Außenwirtschaft, S.47-48

[59] Weltbank: World Development Indicators 2006; Development Data Center, World Bank, Washington, 2006: URL: http://devdata.worldbank.org/ wdi2006/ (24.05.07) → Table 1.1, About the Data

Das Bruttonationaleinkommen (BNE) schließt dabei das Bruttoinlandsprodukt und die Nettoeinnahmen des primären Einkommens (Entlohnung der Erwerbstätigen sowie Einkommen aus Grundbesitz) ein. Da diese Variable der Beschreibung der realen Kapitalausstattung pro Kopf relativ nahe kommt, soll sie hier als Vergleichskriterium herangezogen werden, um die Kapitalreichlichkeit der betrachteten Akteure auf dem Textil- und Bekleidungsmarkt zu ermitteln.

In *Tabelle 8* wird das Bruttonationalprodukt pro Kopf für dieselben Länder gegenübergestellt, die schon auf ihre Ausstattung mit dem Faktor Arbeit untersucht wurden.[60] In *Abbildung 11* werden diese Länder in verschiedene Gruppen unterteilt.

> 30 $	USA, Dänemark, Japan , Schweden, Irland, Großbritannien, Finnland, Österreich, Niederlande, Belgien, Deutschland, Frankreich*
15- 30$	Kanada, Australien, Hong Kong, Italien, Spanien, Israel, Griechenland
5- 15 $	Portugal , Süd Korea, Tschechien, Oman , Ungarn, Estland, Mexiko, Slowakei, Polen
< 5 $	Mauritius , Malaysia , Venezuela, Türkei, Süd Afrika, Argentinien, Brasilien, Rumänien, Bulgarien, Tunesien, Thailand , Peru , Kolumbien, Marokko, **China** , Ägypten, Indonesien, Sri Lanka , **Indien**, Pakistan , Vietnam , Kenia, Bangladesch

Abbildung 11: Bruttonationaleinkommen pro Kopf 2004 (in US $)[61]

Zu den kapitalreichsten Ländern mit einem pro Kopf BNE von über 30 US $ gehören die USA, große Teile Westeuropas sowie Japan. Weiterhin stellen Kanada, Australien, einige südeuropäische Länder, Israel und Hong Kong Länder mit einer kapitalreicheren Aus-

---

[60] **Tabelle 8:** BNE pro Kopf, BNE und Bevölkerung (2004) → *siehe Anhang Tabellen S.89f*

[61] eigene Darstellung nach **Tabelle 8** → *siehe Anhang Tabellen S.89f*

stattung zwischen 15 und 30 US $ pro Kopf dar. Im kapitalärmeren Bereich bewegen sich einige osteuropäische Staaten, Portugal und Estland, aber auch Mexiko in Mittelamerika, Oman und Südkorea. Die größte Gruppe bilden mit weniger als 5 $ pro Kopf BNE die kapitalärmsten Länder, darunter auch die beiden großen Textilproduzentenländer China und Indien. Sie haben im Bereich der kapital-kapitalintensiv hergestellten Güter also die geringsten Vorteile.

3.2.4. Faktorausstattung Humankapital

In der Textil- und Bekleidungsindustrie kommen in einigen Bereichen Technologien zum Einsatz, welche in hohem Grade von innovativen Entwicklungen abhängig sind. Zur Einordnung erscheint es hier sinnvoll, neben dem Neo-Faktorproportionen-Ansatz auch die Produktzyklustheorie heranzuziehen. Deren zentrale Aussage ist, dass neuentwickelte Produkte einem Lebenszyklus unterliegen, während dem sie verschiedene Phasen der Produktentwicklung durchlaufen – eine Innovationsphase, eine Ausreifungsphase und eine Standardisierungsphase.[62] Hierbei wird davon ausgegangen, dass in den unterschiedlichen Phasen verschiedene Produktions- und Absatzbedingungen herrschen und die internationalen Akteure durch eine Gegenüberstellung bestimmter Ländermerkmale klassifiziert werden können. Eine Einordnung der jeweiligen Produktionsstrukturen erfolgt dabei anhand der Verfügbarkeit von Produktionsfaktoren. Neben dem Sachkapital ist der Anteil der hochqualifizierten, der gelernten und ungelernten Arbeit das zentrale Vergleichskriterium. In der Innovationsphase ist die hochqualifizierte Arbeit eine der wichtigsten Voraussetzungen für die erfolgreiche Entwicklung des Produktes. Sie nimmt mit der Ausreifung und Standardisierung ab und verlagert sich hin zur niedrigqualifizierten Arbeit.[63]

Der Grad der Qualifikation eines Menschen geht i.d.R. mit dem Besuch der jeweiligen Stufen eines Bildungssystems einher. Eine Darstellung der Qualifikationsstufen innerhalb der Bildungssysteme der verschiedenen Länder ist im Rahmen der sogenannten *Interna-*

---

62 vgl. Ohr, Renate: Produktzyklustheorie; in: Wirtschaftswissenschaftliches Studium, 14. Jg., Heft 1/1985, S.27-30
63 Ohr, Renate: Produktzyklustheorie, S.28

tional Standard Classification of Education (ISCED) möglich (Internationale Standardklassifikation des Bildungswesens), welche Anfang der 1970er Jahre zur Erstellung von nationalen und internationalen Bildungsstatistiken von der UNESCO entwickelt und 1997 überarbeitet wurde.[64] Im Vordergrund dieser Klassifizierung steht die Vergleichbarkeit der verschiedenen Bildungssysteme, welche sich zum Teil sehr unterscheiden. Es werden universell gültige Ebenen der Bildung definiert, die alle Stufen des organisierten Lernens von der vorschulischen Erziehung bis zur beruflichen Weiterbildung abdeckt.

Als Variable der komparativen Einordnung der Länder soll in diesem Zusammenhang die Brutto-Einschulungsrate der Sekundarstufe dienen. Die Sekundarstufe I beinhaltet die stärker fächerorientierte Bildung, deren Ende in den meisten Ländern mit dem Ende der allgemeinen Schulpflicht zusammenfällt. Die Sekundarstufe II baut darauf auf, beginnt meist im Alter von 15 oder 16 Jahren und dauert in der Regel zwei bis fünf Jahre.[65] Der Besuch einer Universität, bzw. höherer Bildungseinrichtungen, der in den Bereich der tertiären Bildungsstufe gehört, hat freilich einen stärkeren Bezug zur Ebene der hochqualifizierten Arbeit. Er soll hier jedoch aufgrund der Überlegung nicht primär herangezogen werden, dass in diesem Bereich eine starke internationale Bewegung der Studenten stattfindet und die Daten zur Tertiärstufe daher vor allem im Bezug auf die Vergleichbarkeit der Bildungssysteme Aussagekraft besitzt. Im Sekundarbereich zeigt sich die Qualität des Bildungssystems und da dort noch vergleichsweise wenig internationale Bewegung der Schüler stattfindet, kann eine Aussage über die durchschnittliche Qualifikation der Einwohner dieses Landes gemacht werden.[66] *Ta-*

---

[64] UNESCO (Hrsg.): International Standart Classification of Education, ISCED 1997; UNESCO Institute for Statistics, Montreal, 2006, S.III

[65] Europäische Kommission (Hrsg.): Schlüsselzahlen zu den Informations- und Kommunikationstechnologien an den Schulen in Europa - Ausgabe 2004; Eurydice, 2004, S.58

[66] Die Prozentzahlen können bei dieser Messmethode über 100% liegen, da hier auch Schüler aus anderen Altersgruppen, die die jeweilige Stufe absolvieren, miteinbezogen werden. Eine hohe Zahl entspricht einer hohen Integrationsfähigkeit des jeweiligen Bildungssystems.

belle 9 zeigt die Brutto-Einschulungsraten der verschiedenen Länder, sortiert nach der höchsten Rate im Bereich der Sekundarstufe.[67]
In *Abbildung 12* sind die Länder nun wiederum in vier Gruppen unterteilt. Mit einer Einschulungsrate von über 100 Prozent sind Länder gekennzeichnet, welche eine sehr gute Integration der verschiedenen Altersgruppen in die Sekundarbildungsstufe besitzen.

≥ 100%	Großbritannien, Belgien, Australien, Schweden, Finnland, Dänemark, Niederlande, Spanien, Frankreich, Brasilien, Portugal, Irland, Polen, Kanada, Ungarn, Japan, Deutschland, Österreich
90-100%	Argentinien, Italien, Bulgarien, Tschechien, Griechenland, Estland, USA, Israel, Slowakei, Süd Korea, Peru, Süd Afrika
70-90%	Ägypten, Oman, Rumänien, Hong Kong, Türkei, Sri Lanka, Mauritius, Mexiko, Thailand, Tunesien, Kolumbien, Vietnam, Venezuela, Malaysia, China
< 70%	Indonesien, Indien, Bangladesch, Kenia, Marokko, Pakistan

Abbildung 12: Brutto Einschreibungsraten in der Sekundarstufe 2004 (in % nach ISCED)[68]

Bei der Betrachtung dieser Aufstellung fällt auf, dass neben Kanada, Japan, großen Teilen Westeuropas und einigen osteuropäischen Ländern Brasilien (in grauer Schrift gehalten) mit in dieser Gruppe genannt ist. Wo die zuerst genannten Länder eine Rate von über 50 % in der Tertiärstufe aufzeigen, liegt Brasilien mit 20% deutlich zurück, weswegen es hier nicht zu den bildungsreichsten Ländern ge-

---

[67] **Tabelle 9**: Brutto Einschulungsraten der verschiedenen Bildungsstufen in % (nach ISCED) → *siehe Anhang Tabellen, S.91f*
[68] eigene Darstellung nach **Tabelle 9** → *siehe Anhang Tabellen, S.91f*

zählt werden kann.[69] Im nächsten Block können ähnliche Beobach-
tungen gemacht werden. Auch in diesem sind Länder zu finden, die
bei Hinzuziehung der Rate des Tertiärsektors eine deutliche Abwei-
chung von den Raten der anderen genannten Länder aufweisen
(ebenfalls in grauer Schrift gehalten).[70] Zu den bildungsreicheren
Ländern gehören demnach Argentinien, Italien, Griechenland,
land und Israel. Die USA und Süd Korea haben mit 87 bzw. 89% mit
die höchsten Tertiärraten überhaupt und können somit noch zur
ersten Gruppe gezählt werden. Die Gruppe der bildungsärmeren
Länder wird durch einige mittel- und südamerikanische Länder,
China sowie einigen südostasiatischen Ländern gebildet. Nimmt
man die aus der ersten und der zweiten Gruppe ausgeschlossenen
in der Abbildung grau eingefärbten Staaten hinzu, gehören auch
große Teile des osteuropäischen Raumes, einige afrikanische Staaten, der Oman und Sri Lanka vor der Küste Indiens dazu.

Die bildungsärmsten Länder mit einer Einschulungsrate von weniger als 70% sind Indonesien, Indien, Bangladesch, Kenia, Marokko
und Pakistan. Diese Länder sind auch im Bereich der Tertiärstufe an
letzter Stelle zu finden.

3.3. Komparative Vorteile in Güterklassen nach Faktorausstattung

3.3.1. Textile Garne und textile Flächen

Zur Herstellung und Veredelung textiler Garne und textiler Flächen
gehören (wie auch bei dem Bereich der technischen Textilien oder
der Heimtextilien) die in Punkt 2.2.2. beschriebenen Schritte Faserherstellung, Textilherstellung und Textilveredelung. Die Güterklas-

---

[69] Tertiärstufe deckt den Bereich des Studiums und der akademischen Grade
     ab, welcher (wie schon erwähnt) zwar nicht als Hauptkriterium dient, je-
     doch als Hilfskriterium Anwendung findet.
[70] Für Peru liegen zwar keine Zahlen für den Tertiärsektor vor, es kann jedoch
     davon ausgegangen werden, dass dieses Land aufgrund seines stark rück-
     ständigen Bildungssystems und seiner großen Armut zu den bildungs-
     schwachen Ländern zählt (vgl. UNICEF: Mehr Sicherheit und Chancen für
     die Kinder in Peru (Broschüre); Zürich, 2007, S.7-9)

sen werden also innerhalb dieser Stufen der Textilen Kette unterschieden.

Die Faserherstellung teilt sich in natürliche und chemische Fasererzeugung auf. Im Bereich der Naturfasern[71] werden komparative Vorteile durch die Anbauflächen und geeignete klimatische Verhältnisse ausgedrückt. Folgende Länder haben sich zu den größten Baumwollproduzenten entwickelt und vereinen Dreiviertel der weltweiten Baumwollproduktion auf sich (siehe auch *Tabelle 10*)[72]:

China, USA, Indien, Pakistan, Usbekistan und die Türkei

Bei der Herstellung chemischer Fasern ist zu unterscheiden zwischen der Herstellung bekannter seit langem standardisierter Fasern (z.B. Polyester) und der Entwicklung und Herstellung neuartiger Chemiefasern. Die Herstellung standardisierter Chemiefasern ist kapitalintensiv und durch den Einsatz geringqualifizierter Arbeitskräfte geprägt. Durch standardisierte Chemiefaseranlagen, welche hier seit langem eingesetzt werden, sind vor allem niedrige Arbeitskosten ausschlaggebend.[73]

Die größten Vorteile in diesem Kriterium besitzen:

Ägypten, Bangladesch, China, Indien, Indonesien, Kenia, Pakistan, Sri Lanka und Vietnam

Die Seite der Veredelung chemischer Fasern und Flächen weist dagegen andere Voraussetzungen auf. Dieser Bereich ist seit langem automatisiert und durch eine hohe Kapitalintensität gekennzeichnet. Weiterhin sind technologische Innovationen, die heute verstärkt auf die funktionale Perfektionierung der Textilien gerichtet sind (weniger auf ingenieurtechnische Innovationen), ein zentraler Bestandteil in diesem Bereich.[74] Daraus lässt sich schließen, dass für diese Produktionsschritte die Kapitalreichlichkeit, sowie die reichli-

---

[71] hier soll nur die Baumwollproduktion betrachtet werden
[72] **Tabelle 10:** Baumwollerzeugung in 100.000 Tonnen (Saison 2002/2003) → *siehe Anhang Tabellen S.92*
[73] Sassenrath, Bernd: Die internationalen Chemiefasermärkte im Wandel der Zeit, S.6-7
[74] vgl. Europäische Kommission (Hrsg.): Textilien - Vergangenheit, Gegenwart, Zukunft, S.8-9

che Humankapitalausstattung der Akteure ausschlaggebend für die Vergleichbarkeit sind.[75]

Auch die <u>Entwicklung und Herstellung neuartiger Chemiefasern,</u> welche in hohem Maße von der Innovationskraft der Entwickler abhängig und hochgradig kapitalintensiv ist[76], kann anhand der genannten Kriterien eingeordnet werden.

Länder, welche in beiden untersuchten Kriterien in der Spitzengruppe auftauchen, und damit in dieser Gütergruppe (Bereich chemische Faserarten) die größten komparativen Vorteile besitzen, sind:

Belgien, Dänemark, Deutschland, Finnland, Frankreich, Großbritannien, Irland, Japan, Niederlande, Österreich und Schweden

3.3.2. Technische Textilien

Im Sektor der technischen Textilien spielen Innovationen eine zentrale Rolle. Viele der heute hergestellten Faserarten, welche exakt definierte Eigenschaften besitzen, werden zur Produktion von textilen Produkten eingesetzt, die vor wenigen Jahren noch nicht existierten.[77] Am Beginn des Entwicklungsprozesses liegt der Schwerpunkt (wie in Punkt 3.2.4. anhand der Produktzyklustheorie gezeigt wurde) im humankapitalintensiven sowie weniger kapitalintensiven Bereich. Mit der Standardisierungsphase und der Ausreifungsphase verlagert sich der Schwerpunkt dann in den Bereich der kapitalintensiveren Produktion mit gering qualifizierten Arbeitskräften.[78] In der Ausreifungsphase sind diese Produkte vergleichbar mit der im vorhergehenden Punkt betrachteten *Herstellung und Veredelung standardisierter chemischer Faserarten* – es soll hier also die Einordnung der hochinnovativen Produkte vorgenommen werden. Wenn als Grundlage einerseits die Faktorausstattung an Humankapital und

---

[75] Klassische Veredlungsschritte im arbeitsintensiven Bereich werden hier nicht hinzugezählt.

[76] zu den Modernisierungs- und Entwicklungskosten innovativer Produkte vgl. Sassenrath, Bernd: Die internationalen Chemiefasermärkte im Wandel der Zeit, S.8

[77] Dallmann, Harald: High-Tech-Fasern, S.51

[78] vgl. Ohr, Renate: Produktzyklustheorie, S.27-28

andererseits die Bezahlung der Arbeitskräfte herangezogen wird[79], haben also folgende Länder, welche in beiden Kriterien in den Spitzengruppen vertreten sind, die größten komparativen Vorteile in der Herstellung von Produkten dieser Güterklasse:

> **Australien, Belgien, Dänemark, Deutschland, Finnland, Frankreich, Großbritannien, Irland, Japan, Kanada, Niederlande, Österreich und Schweden**

3.3.3. Heimtextilien

Die Güterklasse der Heimtextilien nimmt in diesem Kontext eine Sonderrolle ein. Die Produktion von Heimtextilien ist seit langem weitgehend automatisiert und hochgradig kapitalintensiv. Die Arbeitskosten spielen in dieser Güterklasse keine ausgeprägte Rolle, weshalb innerhalb der Europäischen Union ein relativ stabiler Produktionssektor entstanden ist[80], der Akteuren mit einer etablierten Industrie einen komparativen Vorteil verschafft. Als Beispiel ist hier vor allem Belgien zu nennen, der größte Exporteur von Teppichen weltweit.[81]

Eine Einordnung lediglich nach der Faktorausstattung mit Kapital ergibt, dass folgende Länder mit allgemeinen komparativen Vorteilen ausgestattet sind:

> **Belgien, Dänemark, Deutschland, Finnland, Frankreich, Großbritannien, Irland, Japan, Niederlande, Österreich, Schweden und USA**

3.3.4. Bekleidung (Vollimporte)

Die Bekleidungsindustrie, in welcher die Konfektionierung stattfindet (siehe auch Punkt 2.2.2.) wird in die Produktionsschritte Entwurf, Zuschnitt und Nähen aufgeteilt. Diese lassen sich unter-

---

[79] Klassische Hochtechnologieländer weisen in der Regel ein hohes Lohnniveau auf, weshalb hier die Arbeitskosten als weiteres Kriterium herangezogen werden.

[80] Europäische Kommission (Hrsg.): Internationale Verflechtungen; in: Europäische Innovation, 2/05, Brüssel, 2005, S.5

[81] Aussenwirtschaft Österreich (Hrsg.): Exportbericht Belgien; Wien, 2006, S.8

scheiden in kapital- und humankapitalintensive Schritte, wie z.b. Forschung & Entwicklung, Design und automatisierten Zuschnitt einerseits und in die arbeitsintensiven Bereiche der Montage und des Nähens andererseits.[82]

Im kapital- und humankapitalintensiven Bereich lassen sich folgende Länder mit den größten komparativen Vorteilen nennen:

Belgien, Dänemark, Deutschland, Finnland, Frankreich, Großbritannien, Irland, Japan, Niederlande, Österreich und Schweden

Wenn davon ausgegangen wird, dass die Konfektionierung vollständig in Unternehmen der Lieferländer stattfindet und die Ware anschließend als Vollimporte in die Hauptabsatzmärkte für Bekleidung (in diesem Fall also die westeuropäischen Industrieländer) gelangt, haben in den arbeitsintensiven Bereichen, also der Montage und dem Nähen folgende Länder die größten Vorteile:

Ägypten, Bangladesch, China, Indien, Indonesien, Kenia, Pakistan, Sri Lanka, und Vietnam

3.3.4. Bekleidung (Passive Lohnveredelung)

Die Passive Lohnveredelung findet dann statt, wenn erste Schritte der Konfektionierung (i.d.R. kapitalintensive Prozesse) in den Industriestaaten vollzogen werden. Die Zwischenprodukte werden anschließend außer Landes transportiert und damit die weiteren Schritte wegen der schon beschriebenen komparativen Vorteile in Länder mit geringeren Arbeitskosten verlagert, bevor sie dann als Fertigware wieder reimportiert werden[83]. Hierbei kommt nun ein weiteres Kriterium hinzu, anhand dessen die komparativen Vorteile abgelesen werden können. Es sind die Transportwege, die eine wichtige Rolle bei der Wahl der Produktionsstandorte spielen. Eine geographische Nähe zu den Absatzmärkten in Verbindung mit geringen Arbeitskosten ist in diesem Fall besonders vorteilhaft. Wenn

---

[82] Dürr, Albert; u.a.: Soziale Verantwortlichkeit in globalen Produktionsnetzwerken: Erkenntnisse aus der Bekleidungsindustrie; Abschlußbericht zum Studienprojekt: „Global Manufacturing and Responsible Business Practices", FU Berlin, 2001, S.29

[83] Botzenhardt / Altenburg: eBusiness in der Bekleidungswirtschaft, S.9

der westeuropäische Raum als Absatzmarkt angenommen wird, haben folgende Länder, welche sowohl zu den Niedriglohnländern gehören, als auch in geografischer Nähe zu Westeuropa liegen, die größten komparativen Vorteile:

Bulgarien, Rumänien, Ungarn, Slowakei, Tschechien, Polen, Marokko, Tunesien und Türkei

3.3.5. Zusammenfassung der Analyseergebnisse

Zum Ende dieses Kapitels sollen in *Abbildung 13* die Ergebnisse der Analyse der komparativen Kostenvorteile zusammengefasst werden:

Güterklasse bzw. Produktionsschritt	*Länder mit komparativen Vorteilen*
Textile Garne und Flächen	
Naturfaserherstellung (Baumwolle)	China, Indien, Pakistan, Türkei, USA, Usbekistan
Herstellung standardisierter Chemiefasern	Ägypten, Bangladesch, China, Indien, Indonesien, Kenia, Pakistan, Sri Lanka, Vietnam
Entwicklung, Herstellung und Veredelung neuartiger Chemiefasern	Belgien, Dänemark, Deutschland, Finnland, Frankreich, Großbritannien, Irland, Japan, Niederlande, Österreich, Schweden
Technische Textilien	Australien, Belgien, Dänemark, Deutschland, Finnland, Frankreich, Großbritannien, Irland, Japan, Kanada, Niederlande, Österreich, Schweden
Heimtextilien	Belgien, Dänemark, Deutschland, Finnland, Frankreich, Großbritannien, Irland, Japan , Niederlande, Österreich, Schweden und USA

Fortsetzung auf der nächsten Seite.

Bekleidung (Vollimporte)	
F&E, Design, automatisierter Zuschnitt	Belgien, Dänemark, Deutschland, Finnland, Frankreich, Großbritannien, Irland, Japan, Niederlande, Österreich und Schweden
Montage und Nähen	Ägypten, Bangladesch, China, Indien, Indonesien, Kenia, Pakistan, Sri Lanka, und Vietnam
Bekleidung (Passive Lohnveredelung)	Bulgarien, Rumänien, Ungarn, Slowakei, Tschechien, Polen, Marokko, Tunesien und Türkei

Abbildung 13: Länder mit komparativen Vorteilen nach Güterklassen[84]

---

[84] mit Europa als Importregion

4. Strategien der T&B Industrie und Perspektiven der EU im Kontext der Liberalisierung

Im bisherigen Verlauf der Arbeit wurde der strukturelle Aufbau der europäischen Textil- und Bekleidungsbranche dargestellt und eine Einordnung der am Textil- und Bekleidungshandel beteiligten Länder in den Kontext der internationalen Arbeitsteilung anhand geeigneter Kriterien vorgenommen. Dabei spielten die Faktorausstattungen der einzelnen Länder die zentrale Rolle bei der Bewertung. Die Ebene des Protektionismus wurde ausgeblendet, um ein möglichst vergleichbares Bild der am Welttextil- und Bekleidungshandel teilnehmenden Akteure zeichnen zu können.

Im Folgenden soll dieses Bild nun mit der politischen Wirklichkeit der letzten Jahrzehnte verknüpft werden, welche durch Protektionismus seitens der Importländer geprägt war und mit der Ausgliederung des Textil- und Bekleidungshandels aus den Regeln des *General Agreement on Tariffs and Trade* (GATT) einherging.

Nach einem theoretischen Überblick über protektionistische Ansätze folgt eine historische Darstellung der verschiedenen Abkommen und der innerhalb der Uruguayrunde beschlossenen Wiedereingliederung des Sektors in die Regeln des GATT. Auch auf die Entwicklungen nach 2005 soll eingegangen werden.

Die Ergebnisse des letzten Kapitels und eine mit Hilfe eines allgemeinen Gleichgewichtsmodells im Auftrag der WTO erstellte Prognose, werden am Ende dieser Arbeit dazu dienen, die komparative Realität im Textil- und Bekleidungssektor der EU mit den durch den Protektionismus noch bestehenden Marktverzerrungen zu verbinden, um daraus wiederum Tendenzen für die Textil- und Bekleidungsbranche im Zuge einer weitergehenden Liberalisierung ableiten zu können.

4.1. Protektionismus und die historische Sonderrolle des T&B Sektors

4.1.1. Definition und Motivation von Protektionismus

Die Freihandelsdoktrin besagt (wie auch in Punkt 3.1.1. beschrieben), dass eine marktwirtschaftliche Ausrichtung und freier internationaler Handel den Wohlstand sowohl im eigenen Land, als auch in der gesamten Welt steigert, während eine Abschottung des eigenen Marktes zu einer tendenziellen Schwächung des Wohlstandes führt.[85] Trotz dieser in der allgemeinen Lehrmeinung weitverbreiteten Schlussfolgerung, dass Protektionismus also zu einer Verzerrung der Produktions-, Verbrauchs- sowie Außenhandelsstrukturen führt, hat sich diese Art der Abschottung immer wieder in nationalen Handelspolitiken durchgesetzt. Im historischen Kontext gesehen, fand kein gleichmäßiger Übergang vom Merkantilismus zum Freihandel statt, „...sondern eine reichlich willkürliche Mischung mit jeweils unterschiedlich gewichteten Schwerpunkten."[86]

Zu differenzieren ist zwischen Instrumenten, mit deren Hilfe einerseits Produzenten und andererseits Nachfrager durch eine politische Lenkung der Außenhandelsströme geschützt werden sollen.[87] Der Versuch, die inländischen Produzenten gegenüber der Konkurrenz aus dem Ausland zu schützen, kann durch Importzölle, Importkontingente oder Exportsubventionen erfolgen. Die Interessen der inländischen Nachfrager gegenüber konkurrierender Auslandsnachfrage können dagegen durch Importsubventionen, Exportzölle oder Exportkontingente bevorzugt werden.

Neben den Zöllen sind inzwischen die vielfältigsten Arten *nichttarifärer Handelshemmnisse* entstanden. Beispiele hierfür sind Subventionen, Anti-Dumpingmaßnahmen, traditionelle Mengenbeschränkungen, preisbeeinflussende Mengenbeschränkungen, währungs- und finanzpolitische Maßnahmen oder technische Handelshemmnisse. Auch populistische Methoden, wie z.B. Grenzschikanen oder Appelle an das Nationalgefühl („buy national"-Appelle) gehören zum Repertoire nichttarifärer Handelshemmnisse.[88]

Die Motive für Protektionismus sind dabei sowohl bei tarifären, als auch bei nichttarifären Handelshemmnissen dieselben. Die Interessen der Konsumenten lassen sich in der Regel schlechter organisieren als diejenigen der Produzenten, welche sich über politischen

---

[85] Beise, Marc; Oppermann, Thomas; Sander, Gerald: Grauzonen im Welthandel - Protektionismus unter dem alten GATT als Herausforderung an die neue WTO; Baden-Baden, 1998, S.15

[86] Beise/Oppermann/Sander: Grauzonen im Welthandel, S.16

[87] vgl. Bender, Dieter: Internationaler Handel, S.517

[88] vgl. Beise/Oppermann/Sander: Grauzonen im Welthandel, S.61-62

Lobbyismus einzelner Branchen einen Einfluss auf die Entscheidungen der politischen Akteure und damit deutliche Gewinnchancen gegenüber der ausländischen Konkurrenz versprechen.[89]

Ein klassisches Motiv des Protektionismus ist z. B. der Vorwurf des unfairen Wettbewerbs.[90] Hier wird argumentiert, dass die Lohnstrukturen in sogenannten Billiglohnländern den einheimischen Branchen die Konkurrenzfähigkeit nehmen würden und daraufhin gleiche Wettbewerbsbedingungen in diesem Bereich geschaffen werden müssten. Ein weiteres Motiv ist die importbedingte Arbeitslosigkeit. Der Vorwurf lautet, dass durch zu schnell steigende Importe die Arbeitsplätze und damit die heimische Wirtschaft an sich gefährdet werden würden.

Die Rechtfertigung von Protektionismus auf Grund des Subventionswettlaufes bildet ein weiteres beliebtes Argument, bei dem behauptet wird, dass andere Länder eine bestimmte Industriebranche ,ja auch subventionieren' und deswegen keine andere Möglichkeit bestehe, als eine eigene Subventionspolitik zu verfolgen. Das Erziehungszoll-Argument weiterhin, welches von John Stuart Mill und Friedrich List in die Argumentation der Wirtschaftspolitik eingebracht wurde, fordert einen zeitlich begrenzten tarifären Schutz für Industriezweige, die in einem Land erst aufgebaut werden sollen und am Beginn ihrer Existenz noch keine Wettbewerbsfähigkeit besitzen (*Industrie in den Kinderschuhen*).

Ein inzwischen relativ veraltetes Motiv ist die Forderung nach Versorgungssicherheit, die aus dem Dogma des Autarkismus stammt, welches wiederum die vollständige Unabhängigkeit vom Ausland zum Ziel hatte.

In der zweiten Hälfte des 20. Jahrhunderts wurde der Versuch unternommen, die protektionistischen Strukturen, die vor allem durch tarifäre Handelshemmnisse geprägt waren, abzubauen. Dabei entwickelte der Textil- und Bekleidungssektor eine eigene Dynamik, die sich von der allgemeinen Entwicklung der Liberalisierung des

---

89 Matthes, Jürgen: Neuer Protektionismus? - Perspektiven für eine weitere Liberalisierung des Welthandels; in: Beiträge zur Wirtschafts- und Sozialpolitik, Nummer 267, 6/2001, Köln, 2001, S.6
90 zur Motivation von Protektionismus vgl. Beise/Oppermann/Sander: Grauzonen im Welthandel, S.64-67

Welthandels wegbewegte. Dieser Zusammenhang soll nun im Folgenden beschrieben werden.

4.1.2. Das GATT und die Sonderrolle der Textil- und Bekleidungsindustrie

1947 wurde in Genf das erste Weltwirtschaftsabkommen, das „General Agreement on Tariffs and Trade" (GATT) verabschiedet, dessen Ziel es war, den internationalen Handel zu liberalisieren, was vor allem durch den Abbau von klassischen Einfuhrzöllen und die Verminderung von Handelsbeschränkungen durch multilaterale Vereinbarungen erreicht werden sollte.

In den darauffolgenden acht Zollsenkungsrunden wurden die Zölle auf Industriegüter sukzessive um insgesamt 80 Prozent gesenkt und der globale Warenhandel erlebte einen deutlichen Aufschwung.[91]

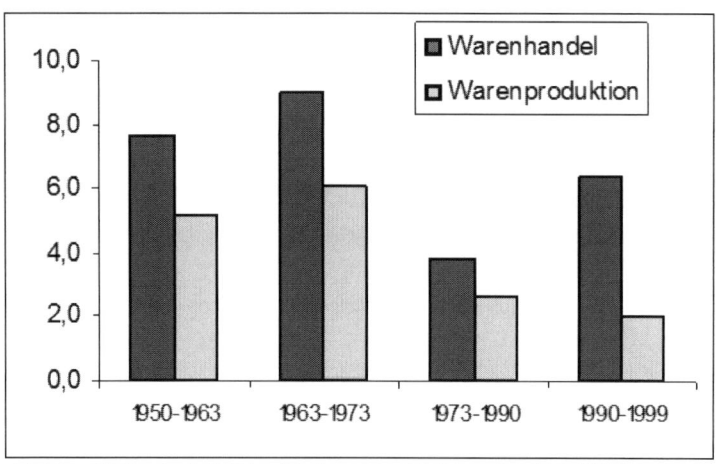

Abbildung 14: Durchschnittliches Wachstum von Weltwarenhandel und Weltwarenproduktion (in %)[92]

---

[91] zur Welthandelsentwicklung nach GATT vgl. Matthes, Jürgen: Neuer Protektionismus?, S.6-7
[92] eigene Darstellung nach Matthes, Jürgen: Neuer Protektionismus?, S.7 (in Bezug auf WTO)

Wie *Abbildung 14* zeigt, wuchs der weltweite Warenhandel zwischen 1950 und 1973 durchschnittlich um etwa 8 bis 9 %. Nachdem zu Beginn vor allem Industrieländer ihre Handelspolitiken an die liberalisierten Bestimmungen des GATT anpassten, folgten in den siebziger und achtziger Jahren auch zunehmend Entwicklungsländer, die bis dahin ihre Handelspolitik meist auf Importsubstitution gestützt hatten. Mit dem Zerfall der Sowjetunion liberalisierten dann auch die meisten Ostblockstaaten ihren Außenhandel.

Anfang der 1960er Jahre begannen Länder wie Japan, Hong Kong, Indien und Pakistan ihre Baumwolltextilindustrien zu erweitern und boten in zunehmendem Maße ihre Produkte auf den nordamerikanischen und westeuropäischen Märkten an. Die günstigen Preise dieser Baumwolltextilien setzten die Textilproduzenten in den Industriestaaten unter Druck und die Regierungen sahen sich dazu veranlasst, Schutzmaßnahmen zu ergreifen.[93] Nach den Bestimmungen des GATT wäre es zwar möglich gewesen, Zölle gegen Dumpingeinfuhren zu erheben, jedoch hätte der Tatbestand des Dumpings erst nachgewiesen werden müssen (die Verkaufspreise hätten also unter den Herstellungskosten liegen müssen). Dieser Nachweis wäre bei den niedrigen Lohnkosten dieser Herstellerländer kaum gelungen.

Weiterhin wäre die Anwendung von Notstandsmaßnahmen möglich gewesen (Zölle und Einfuhrbeschränkungen), wenn eine Schädigung inländischer Produzenten drohte. Diese Maßnahmen wiederum hätten aber auf alle Lieferländer angewendet werden müssen und damit nicht nur auf ein bestimmtes Lieferland beschränkt werden dürfen, weswegen diese Regelung ebenfalls kaum in Anspruch genommen wurde.[94] Aus diesen Gründen suchten die Industriestaaten nach einer anderen Möglichkeit, protektionistische Maßnahmen gegen die Lieferländer billiger Textilien und Bekleidung zu ergreifen.

---

[93] vgl. Scharrer, Eva-Maria: Die Chancen der Textil- und Bekleidungsindustrie in hochentwickelten Ländern - Ein empirischer Beitrag zu kontroversen Fragen der Standortwahl beider Industriezweige; in: Kieler Diskussionsbeiträge, Nummer 26, Kiel, 1972, S.1-2 und Schmidt, Paul-Günther: Das Welttextilabkommen - Hydra des Protektionismus?; in: Wirtschaftsdienst, Jahrgang 61, Heft 9, 1981, S.446
[94] Schmidt, Paul-Günther: Das Welttextilabkommen, S.446

4.1.3. Die Baumwollabkommen und das Multifaserabkommen

Im Jahre 1957 kam es auf Initiative der USA bereits zu einem ersten freiwilligen Exportselbstbeschränkungsabkommen im Textil- und Bekleidungssektor, welches die amerikanischen Erzeuger schützen sollte. Dieses Abkommen wurde mit Japan geschlossen, welches in der damaligen Zeit große Fortschritte beim Export von Textilien machte.[95]

Ein freiwilliges Exportselbstbeschränkungsabkommen ist ein bi- oder multilaterales Abkommen über die wert- oder mengenmäßige Begrenzung des Exportes eines oder mehrerer Länder, wobei keine „Freiwilligkeit" im eigentlichen Sinne vorliegt, sondern lediglich diese Form der Handelshemmnisse anderen Beschränkungen, wie z.b. Importquoten oder Zöllen vorgezogen wird, da durch Verhandlungen die Möglichkeit besteht, Einfluss auf das Ergebnis zu nehmen.[96]

1961 wurde diese Form der Handelsregulierung erstmals auf Initiative der Industriestaaten durch das *Short Term Arrangement Regarding International Trade in Cotton Textiles*, auch **kurzfristiges Baumwollabkommen** genannt, legalisiert. Hierbei überwog bei den Industrieländern die Argumentation, dass dieses Abkommen nicht dazu dienen sollte, die Binnenmärkte abzuschotten, sondern vielmehr dazu, den heimischen Textil- und Bekleidungsindustrien die Möglichkeit zu eröffnen, sich auf die Strukturänderungen einstellen zu können, welche die schnell wachsenden Importe aus den Niedriglohnländern nach sich zogen (*Motiv der importbedingten Arbeitslosigkeit* → *siehe Punkt 4.1.1.*). Damit sollten sie in die Lage versetzt werden, sich an die neuen Gegebenheiten anzupassen, um die staatlichen Unterstützungsmaßnahmen mit der Zeit wieder abbauen zu können.[97]

Dabei verstießen diese freiwilligen Selbstbeschränkungsabkommen gegen die fundamentalen Prinzipien des GATT von 1947:

---

[95] Schrenk, Andreas: Strukturelle Probleme der deutschen Bekleidungsindustrie, S.87

[96] Gaab, Werner; Gieseck, Arne: Freiwillige Exportselbstbeschränkungsabkommen; in: WISU - Das Wirtschaftsstudium, 8-9/88, 1988, S.486

[97] Eggerstedt, Harald: Welttextilabkommen; in: Wirtschaftswissenschaftliches Studium, Heft 4, 1987, S.199

1. Das Meistbegünstigungsprinzip wird verletzt, welches besagt, dass nach Art.1, Abs.1 GATT jede einem Vertragspartner gegenüber zugestandene Handelsvergünstigung *unverzüglich und bedingungslos* auch allen anderen Vertragspartnern zugestanden werden muss.

2. Das Baumwollabkommen verstößt gegen das Prinzip der Inländergleichbehandlung, welches sowohl den inländischen als auch den importierten Waren und Dienstleistungen dieselbe Handhabung z.B. bei der Steuer- und Abgabenbelastung zugesteht.

3. Freiwillige Exportselbstbeschränkungsabkommen verstoßen darüber hinaus gegen das Verbot der mengenmäßigen Handelsbegrenzung.

4. Das Prinzip der Reziprozität wird ebenfalls verletzt, welches besagt, dass einseitige Beschränkungen durch gleichwertige Zugeständnisse gegenüber den betroffenen Akteuren kompensiert werden müssen.

Diese ursprünglich als Übergangslösung propagierte Herangehensweise wurde durch das 1962 verabschiedete **langfristige Baumwollabkommen** zu einem umfassenden System multilateraler Abkommen ausgebaut, welches ursprünglich für 5 Jahre gelten sollte. In den Jahren 1967, 1970 und 1973 wurde es jedoch dreimal verlängert. Während dieser Zeit beteiligten sich nach und nach über 30 Länder daran, welche etwa 75 % des damaligen Baumwoll-Textilhandels repräsentierten.[98]

Anfang der 1970er Jahre kam es im Textil- und Bekleidungsgewerbe zu tiefgreifenden Veränderungen. Der Einsatz von synthetischen Fasern in der Textil- und Bekleidungsproduktion nahm deutlich zu (siehe dazu auch *Abbildung 2* zur Welttextilfaserproduktion auf S.5). Der Handel mit synthetischen Stoffen fiel nicht unter die Bestimmungen des Baumwollabkommens und veranlasste die Industriestaaten dazu, neue Handelsbeschränkungen einzuführen, was durch eine Studie einer fact finding Gruppe des GATT 1972 bestätigt wurde. Im Jahre 1973 wurde schließlich nach langwierigen Verhandlungen das *Multifibre Arrangement*, das **Multifaserabkommen** (*auch*

---

[98] Schrenk, Andreas: Strukturelle Probleme der deutschen Bekleidungsindustrie, S.88-89

Welttextilabkommen genannt) verabschiedet und löste damit das bis dahin gültige langfristige Baumwollabkommen ab.[99] Auch hier blieben freiwillige Exportselbstbeschränkungsabkommen die bevorzugte Art der Handelsbeschränkung, die nun neben Wolle und Baumwolle auch Chemiefasern und Mischprodukte aus Chemiefasern betrafen. Es wurde vereinbart, dass die Einfuhrquoten nicht sinken durften und pro Jahr im Durchschnitt um 6 % steigen mussten.[100] Das Multifaserabkommen (MFA), welches wie sein Vorgänger ebenfalls gegen die schon genannten Bestimmungen des GATT verstieß, wurde insgesamt sechs mal verlängert und behielt seine Gültigkeit bis ins Jahr 1994.

Zu den verschiedenen Verlängerungsterminen wurden über die Jahre einige inhaltliche Änderungen hinzugefügt. Dabei ging es vor allem um die ungleichen Möglichkeiten, die große und kleinere Lieferländer betrafen. Es wurde versucht, kleineren Entwicklungsländern durch gewisse Bevorzugungen im Quotensystem die Möglichkeit zu eröffnen, ihre Außenhandelsposition im Textil- und Bekleidungsmarkt zu verbessern, da sie durch größere Lieferländer zunehmend an den Rand gedrängt wurden.

Die EG-Importländer bauten im Kontext des MFA ab 1977 ein System von Selbstbeschränkungsabkommen auf, welches zwischen den EG Mitgliedstaaten und insgesamt 28 Lieferländern bestand und sich an dem Stand der EG-Importanteile am EG-Gesamtverbrauch von 1976 orientierte. Textilien und Bekleidung wurden in verschiedene Warengruppen unterteilt und anschließend bestimmte Einfuhrvolumina festgelegt. Diese wurden dann je nach Exportstärke der Lieferländer und Sensibilität der Erzeugnisse in Form von Höchstmengen diesen Lieferländern mit differenzierten jährlichen Zuwachsraten zwischen 0,5 und 5 % zugestanden.

Weniger sensible Warengruppen waren durch Schwellenwerte geschützt, bei deren Erreichen ebenfalls Schutzmechanismen in Form von Selbstbeschränkungen aktiviert wurden.[101] Nach der dritten

---

[99] vgl. Gass, Liselotte; Neundörfer, Konrad; Stahr, Ernst-Heinrich: Vorwärtsstrategie für den Welttextilhandel; in: Schriften zur Textilpolitik, Heft 8, Frankfurt, 1990, S.25-28
[100] vgl. Eggerstedt, Harald: Welttextilabkommen, S.199
[101] Schmidt, Paul-Günther: Das Welttextilabkommen, S.448

Verlängerung des MFA (1986) wurden die bilateralen Verträge der EG immer liberaler ausgestaltet und der Marktzugang für einige Lieferländer wurde weiter verbessert. Die Verhandlungspartner waren sich zu diesem Zeitpunkt darüber einig, dass als endgültiges Ziel die Rückkehr des Textil- und Bekleidungssektors in die Regeln des GATT stehen müsse und somit wurde der Weg für die anstehenden GATT-Verhandlungen allmählich frei.[102] Das MFA lief mit Abschluss der Uruguay-Runde 1994 aus.

4.2. Auswirkungen und das „Agreement on Textiles and Clothing"

4.2.1. Auswirkungen auf den Welttextil- und Bekleidungshandel

Wie eben gezeigt werden konnte, führte die Abkopplung des Textil- und Bekleidungssektors von den Regeln des GATT zu einer Situation, in der sich die unterschiedlichen Akteure durch protektionistische Argumentationen nicht mehr an den durch den Freihandel vorgegebenen Marktmechanismen orientieren konnten. Die betroffenen Lieferländer mussten sich an die vorgegebenen Rahmenbedingungen anpassen und einen Weg finden, trotz der eingeführten Hindernisse ihre Interessen vertreten und durchsetzen zu können. An dieser Stelle stellt sich nun die Frage, inwiefern die Baumwollabkommen und das Multifaserabkommen als Instrumente des nichttarifären Protektionismus den Strukturwandel aufhalten, bzw. bremsen konnten, welcher innerhalb der einheimischen Textil- und Bekleidungsindustrien der Industrieländer schon begonnen hatte.

Eine exakte Messung der Auswirkungen von internationalen Abkommen auf die Handelssituation eines Sektors kann nicht vorgenommen werden, jedoch kann anhand einiger messbarer Indikatoren eine Tendenz festgestellt werden. Hier soll einerseits der Weltexport von Textilien und Bekleidung herangezogen werden, um die allgemeine Entwicklung des Handels abzulesen. Andererseits soll die Entwicklung der Marktanteile sowie am Weltexport als auch am Weltimport zur Analyse des Strukturwandels herangezogen werden, wobei die Jahre 1963-1986 als Zeitraum dienen.

---

[102] Gass/Neundörfer/Stahr: Vorwärtsstrategie für den Welttextilhandel, S.30-31

Wie *Abbildung 15* zeigt, nahm der Weltexport von Textilien und Bekleidung während der Zeit der Baumwollabkommen noch relativ moderat, mit der starken Zunahme synthetischer Fasern, bzw. während dem Multifaserabkommen dann deutlich zu. Insgesamt konnte der Welttextilexport im untersuchten Zeitraum um etwa 950% von 7 auf 66,3 Milliarden US$ zulegen. Auf dem Bekleidungsmarkt war der Zuwachs von 2,2 auf 61,8 Mrd. $ mit einer Zunahme von über 2800% noch weitaus stärker.

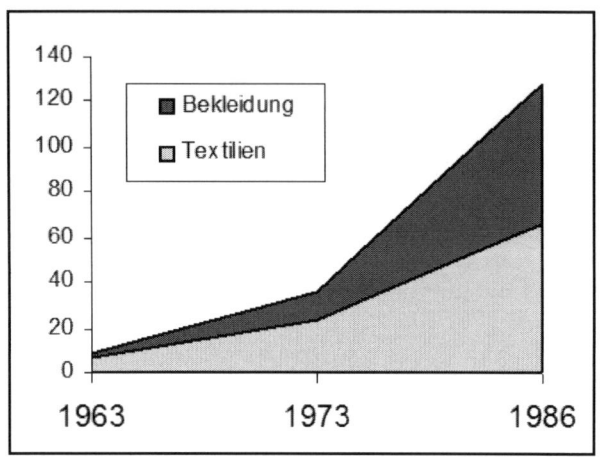

Abbildung 15: Weltexport von Textilien und Bekleidung (in Mrd. US$)[103]

In *Abbildung 16* wird nun gezeigt, wie sich in dem untersuchten Zeitraum die Anteile der verschiedenen Akteure sowohl am Weltimport als auch am Weltexport auf dem Textil- und Bekleidungsmarkt verschoben haben. Der Weltimport blieb im Bereich der Textilien zwischen 1963 und 1986 weitgehend auf demselben Stand. Vor allem im Bereich der Bekleidung gab es eine Verschiebung weg von den Entwicklungs- und Staatshandelsländern[104] hin zu den Industrieländern, welche durch den steigenden Konsum in den Industrienationen erklärt werden kann.

---

[103] eigene Darstellung nach Gass/Neundörfer/Stahr: Vorwärtsstrategie für den Welttextilhandel, S.33-34
[104] Ostblockstaaten, ehemaliges Jugoslawien, Türkei

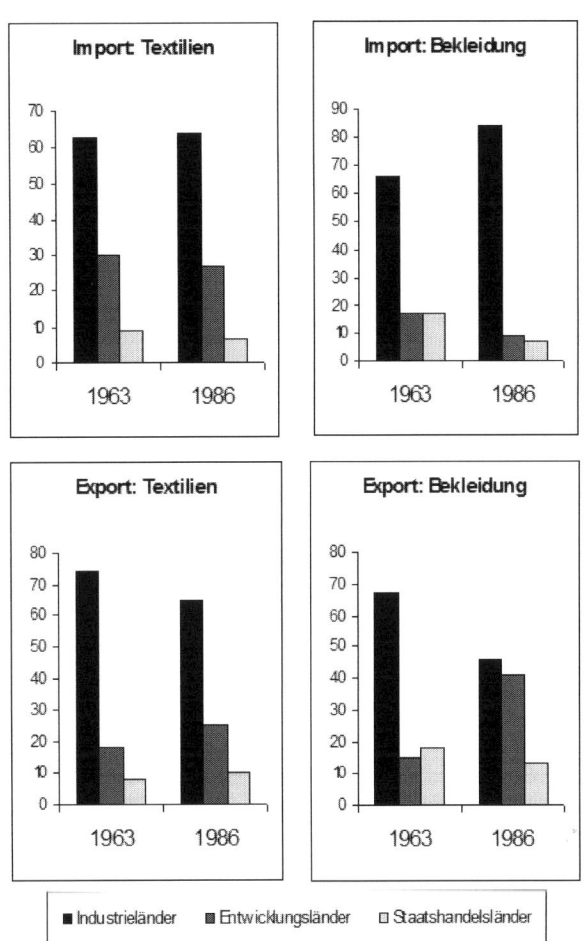

Abbildung 16: Anteile am Weltimport und am Weltexport auf dem Textil und Bekleidungsmarkt (in %)[105]

Die Entwicklung der Anteile am Weltbekleidungsexport zeigt in die entgegengesetzte Richtung. Sowohl bei Textilien, als auch bei Bekleidung kam es zu einer Verlagerung der Anteile weg von den Industrieländern hin zu den Entwicklungsländern. Besonders

---

[105] eigene Darstellung nach Gass/Neundörfer/Stahr: Vorwärtsstrategie für den Welttextilhandel, S.33-34

ausgeprägt war die Verschiebung auf dem Bekleidungssektor, wo die Anteile der Entwicklungsländer von 15 auf 41% zunahmen, während diejenigen der Industriestaaten von 67 auf 46% sanken. Die Anteile der Staatshandelsländer am Weltexport stagnierten hingegen, bzw. nahmen im Bekleidungsbereich sogar ab.

Des Weiteren kam im Jahr 1986 eine Studie der *United Nations Commission on Trade and Development* (UNCTAD) zu dem Ergebnis, dass die Entwicklungsländer ohne tarifäre sowie nicht-tarifäre Handelshemmnisse ihre Exporte in die USA, die EU und nach Japan um 15 Mrd. US $ hätten erhöhen können, wovon etwa 60%, also 9 Mrd. US $ auf den Wegfall der Quoten durch das Multifaserabkommen zurückzuführen gewesen wäre.[106]

Die Baumwollabkommen und das Multifaserabkommen führten somit zwar zu Marktverzerrungen, die zu einer Bevorzugung der Produzenten der Industriestaaten und einer Benachteiligung der Entwicklungsländer führte. Die Industrieländer vermochten mit den handelsbeschränkenden Abkommen jedoch nicht, den Strukturwandel, der in den meisten entwickelten Staaten zu starken Rückgängen in der Produktion und folglich auch bei der Beschäftigung führte, zu verhindern.

4.2.2. Das Agreement on Textiles and Clothing (ATC)

In der Uruguay-Runde, die 1994 nach acht Jahren in Marrakesh/Marokko zu Ende ging, wurde das Regelsystem des GATT und dessen Überwachung grundlegend reformiert, um die möglichst vollständige Liberalisierung des Welthandels voranzutreiben. Um dem GATT, welches bis zu diesem Zeitpunkt nur ein Vertragswerk war, einen institutionellen Rahmen zu geben, wurde die Welthandelsorganisation gegründet, die von nun an „die Verwaltung, Überwachung und Weiterentwicklung der Übereinkünfte der Uruguay-Runde" übernehmen sollte und somit das GATT von 1947 ersetzte.[107] Im Zuge dieser Liberalisierungsrunde wurde ebenfalls beschlossen, dass der Textil- und Bekleidungssektor in die Regeln

---

[106] Yang, Yongzheng: The Impact of MFA Phasing Out on World Clothing and Textile Markets; in: The Journal of Development Studies, Volume 30, Number 3, 1994, S.893

[107] Schneider, André: Internationalisierungsstrategien, S.86

des GATT wiedereingegliedert werden und damit das Multifaser-abkommen auslaufen sollte.[108]

Während der Liberalisierungsrunde führten die unterschiedlichen Interessen der beteiligten Akteure zu langwierigen Verhandlungen, in denen fünf unterschiedliche Konzepte zur Liberalisierung des Textil- und Bekleidungssektors zur Debatte standen:[109]

Die **USA** schlugen eine zehnjährige Übergangszeit vor, innerhalb derer die Importländer selbst die nach und nach steigenden Import-kontingente den gewünschten Lieferländern hätten zuweisen kön-nen. Auf diese Weise wäre es den Industriestaaten möglich gewesen, die Liberalisierung selbst zu steuern und sie ggf. so lange wie möglich hinauszuzögern. Der Vorschlag der **EG** favorisierte ebenfalls eine zehnjährige Liberalisierung in mehreren Schritten, die allerdings an eine Verbesserung der GATT-Disziplin auch seitens der Lieferländer geknüpft sein sollte. Diese hätten also eine gleich-zeitige Öffnung ihrer Märkte betreiben sollen. Die **Schweiz** brachte einen sehr protektionistischen Vorschlag ein, der nach der zehnjäh-rigen Übergangsfrist auch zur Liberalisierung hätte führen sollen, der den Importländern jedoch währenddessen freie Entscheidung über die Wahl der Mittel gelassen hätte. Die **Entwicklungsländer und asiatischen Staaten** wurden durch das *Internationale Textil- und Bekleidungsbüro* vertreten und lehnten diese Vorschläge ab. Sie for-derten in einer 5-10 jährigen Übergangszeit eine klare Bevorzugung der kleinen und unterentwickelten Entwicklungsländer. Beschrän-kungen für Erzeugnisse, die nicht unter die drei Hauptfaserarten Chemiefasern, Baumwolle und Wolle fielen, sollten gleich zu Be-ginn, die restlichen sukzessive wegfallen. Der kompromissloseste Vorschlag stammte von **Indien**, welches eine Übergangszeit von 5 Jahren forderte, in denen jährlich 20 % der Beschränkungen abge-

---

[108] Nguyen, Trien; Perroni, Carlo; Wigle, Randall: An Evaluation of the Final Act of the Uruguay Round; in: The Economic Journal, Volume 103, Number 421, 1993, S.1541

[109] vgl.: Hurcks, Karsten: Internationale Beschaffungsstrategien in der Textil- und Bekleidungsindustrie - eine theoretische und empirische Untersuchung; (Diss.) Bergisch Gladbach, Köln, 1993, S.226-229 und
Gass/Neundörfer/Stahr: Vorwärtsstrategie für den Welttextilhandel, S.42-48

baut werden sollten und die noch bestehenden Quoten währenddessen um 15 – 35 % hätten wachsen dürfen.[110]

Arthur Dunkel, der Generaldirektor des GATT zwischen 1980 und 1993, stellte im Jahr 1991 einen Kompromissvorschlag vor, welcher auch als das sogenannte *Dunkel-Papier* bekannt wurde. Die beteiligten Verhandlungspartner der Uruguay-Runde konnten sich letztendlich auf weite Teile dieses Vorschlags verständigen. Am 1. Januar 1995 trat das "Agreement on Textiles and Clothing" im folgenden ATC genannt, in Kraft.

Dieses Abkommen war, wie auch das Multifaserabkommen, dazu gedacht, den importierenden, entwickelten Ländern die Möglichkeit zu geben, ihre heimischen Textil- und Bekleidungssektoren an die neuen Gegebenheiten des Weltmarktes anzupassen – in diesem Fall jedoch nicht mehr als Weiterführung des alten Abkommens, sondern als terminierte Wiedereingliederung der Branche in die Regeln des GATT, die auf Grund einer Beendigungsklausel nicht mehr aufgeschoben werden konnte. Die Übergangszeit betrug 10 Jahre und begann am 1. Januar 1995. Dieser Zeitraum war wiederum aufgeteilt in drei Phasen, in denen zwei separate Prozesse stattfanden:[111]

- eine gestaffelte **Integration** der Produkte, die bisher unter das MFA fielen, in das GATT von 1994

- eine sukzessive **Steigerung** der Quoten für die Produkte, die unter das ATC fielen und noch nicht liberalisiert waren

---

[110] Gass/Neundörfer/Stahr: Vorwärtsstrategie für den Welttextilhandel, S.46
[111] vgl. Nordas, Hildegunn Kyvik: The Global Textile and Clothing Industry post the Agreement on Textiles and Clothing; WTO Discussion Paper Number 5, Genf, 2004, S.13

	Anteil der zu integrierenden Produkte am Volumen der Textil- & Bekleidungsimporte von 1990 ...		Steigerungsraten ...	
	... je Phase	... gesamt	... für Raten der verbleibenden Quoten	... jährlich auf Basis der üblichen MFA-Rate von 6%
Phase 1 (01.01.1995)	16%	16	16% (auf urspr. Rate)	6,96%
Phase 2 (01.01.1998)	17%	33	25%	8,70%
Phase 3 (01.01.2002)	18%	51	27%	11,05%
Ende der Übergangszeit (01.01.2005)	49%	100		

Abbildung 17: Liberalisierungsphasen nach dem ATC[112]

Wie in *Abbildung 17* dargestellt, wurden die Importländer dazu verpflichtet, in jeder Phase einen prozentualen Anteil der zu integrierenden Produkte in die allgemeinen Regeln des GATT einzugliedern (16% von Januar 1995 bis Dezember 1997, 17% von Januar 1998 bis Dezember 2001, 18% von Januar 2002 bis Dezember 2004 und die

---

[112] eigene Darstellung nach: **W**TO: Agreement on Textiles and Clothing; WTO, Document LT/UR/A-1A/11, 1994, WTO. Legal texts. the WTO agreements, WTO Website, URL: http://www.wto.org/english/docs_e/legal_e/ursum_e.htm (02.02.2007); **W**alkenhorst, Peter: Liberalising Trade in Textiles and Clothing: A Survey of quantitative Studies; OECD Publications, Document TD/TC/WP(2003)2/FINAL, Paris, 2003, S.6; **S**chneider, André: Internationalisierungsstrategien, S.91; **M**alaga, Jaime; Mohanty, Samarendu: The Agreement on Textiles and Clothing: Is It a WTO Failure?; in: The Estey Centre Journal of International Law and Trade Policy, Volume 4, Number 1, S.77; **N**ordas, Hildegunn: The Global Textile and Clothing Industry post the ATC, S.13-14; **R**einert, Kenneth: Give Us Virtue, But Not Yet: Safeguard Actions Under the Agreement on Textiles and Clothing; in: The World Economy, Volume 23, Number 1, 2000, S.28

restlichen 49% zum 1. Januar 2005), wobei als Basis das gesamte Importvolumen der Textil- und Bekleidungsbranche des jeweiligen Landes des Jahres 1990 dient. Die zu integrierenden Produkte sind im Anhang des ATC aufgelistet und in vier Kategorien unterteilt: Fasern und Garne; Gewebe und Stoffe; textile Fertigware und konfektionierte Kleidung.[113] Dabei mussten in jeder Phase Produkte aus allen vier Kategorien integriert werden – ansonsten blieb die Auswahl dieser Produkte den betreffenden Staaten selbst überlassen.

Weiterhin bestand für die Importländer die Verpflichtung, eine Erhöhung der jährlichen Wachstumsraten für die jeweiligen Importquoten zuzulassen (16% zu Beginn der 1. Phase, 25% am Anfang der 2. Phase und 27% zu Beginn der 3. Phase). In der ersten Phase diente die Steigerungsrate des jeweiligen quotierten Produktes vor Beginn des Übergangsprozesses als Basis. Beispielsweise wird bei einer angenommenen üblichen MFA-Steigerungsrate von 6% diese um 16% erhöht, woraus sich dann die neue jährliche Steigerungsrate von 6,96% für den Zeitraum der ersten Phase ergibt. In der zweiten Phase dient diese Rate wiederum als Basis zur Berechnung der Rate für diesen Zeitraum usw. (siehe *Abbildung 17*).

Außerdem wurde im ATC die Einrichtung des „Textile Monitoring Board" (TMB) beschlossen, einem Überwachungsorgan unter dem Dach der WTO, dessen Aufgabe vornehmlich die Beobachtung sowie die regelmäßige Berichterstattung über die Fortschritte des ATC war, wobei es fast keine Sanktionsmöglichkeiten besaß.

Das ATC beendete somit formal den Sonderstatus des Welttextil- und Bekleidungshandels und gliederte diesen in die allgemeinen Regeln des GATT ein. Vor diesem Hintergrund stellt sich jedoch die Frage, ob der vorgesehene Mechanismus von Seiten der Industrieländer in der Praxis umgesetzt wurde.

4.2.3. Technische Umsetzung des ATC

Wie im letzten Punkt dargestellt wurde, stellten die phasenweise Integration der Quoten des Textil- und Bekleidungssektors in die Regeln des GATT und eine dynamisierte Steigerung der verbleibenden Quoten die zwei grundlegenden Prozesse innerhalb des ATC

---

[113] Riesch, Roman: Lage und Perspektiven, S.50

dar. Aus einem Bericht des „Council for Trade in Goods" (WTO) vom Juli 2002, der sich auf Informationen des "Textile Monitoring Body" beruft, geht hervor, inwiefern diese Prozesse seitens der Industrieländer bis zum Beginn der 3. Phase umgesetzt wurden.

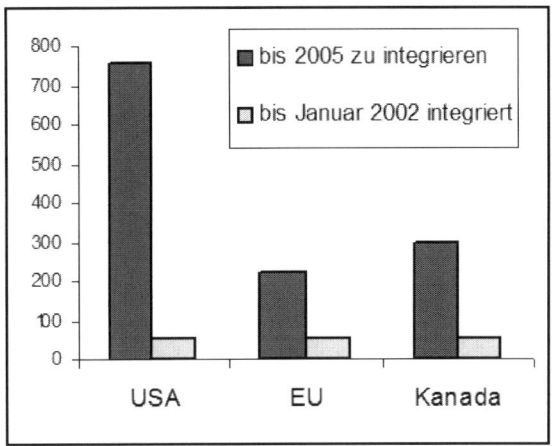

Abbildung 18: Anzahl der integrierten Quoten zu Beginn der dritten Phase[114]

Demnach hatten es die großen Importländer geschafft, unter Einhaltung der Regelungen des ATC die Abschaffung eines großen Teils der Quoten hinauszuzögern. Wie aus *Abbildung 18* ersichtlich wird, wurden seitens der USA, der EU und Kanada bis zum Beginn der dritten und letzten Integrationsphase nur ein geringer Bruchteil der zu integrierenden Quoten abgeschafft. Lediglich Norwegen als nicht EU-Mitglied hatte schon im Jahre 2001 all seine Quoten eliminiert, nahm also die Liberalisierungsabsichten des ATC ernst.[115] Das ATC verlangte von den entwickelten Importstaaten eine „kontinuierliche

---

[114] eigene Darstellung nach **Tabelle 11**: Anzahl der in den ersten zwei Phasen abgeschafften Quoten → *siehe Anhang Tabellen auf S.93*

[115] WTO - Council for Trade in Goods: Major Review of the Implementation of the Agreement on Textiles and Clothing in the second Stage of the Integration Process - Draft Report; WTO Draft Report, Document G/C/W/396, 2002, S.4

autonome Anpassung"[116] ihrer Märkte, was eine gleichmäßige Liberalisierung der Quoten bedeutet hätte. Der Bericht stellte fest, dass entgegen dieser Anforderungen fast alle integrierten Quoten erst zum Ende des Ablaufs der jeweils vorhergehenden Phase abgeschafft wurden.[117] Die Integration der verbleibenden ca. 84%, also insgesamt 1106 Quoten wurde bis zum 1. Januar 2005 herausgezögert.

Hier stellt sich die Frage, wie diese Strategie der Importländer mit den Regelungen des ATC vereinbar sein konnte. Die Antwort liegt in der Definition der zu integrierenden Quoten.

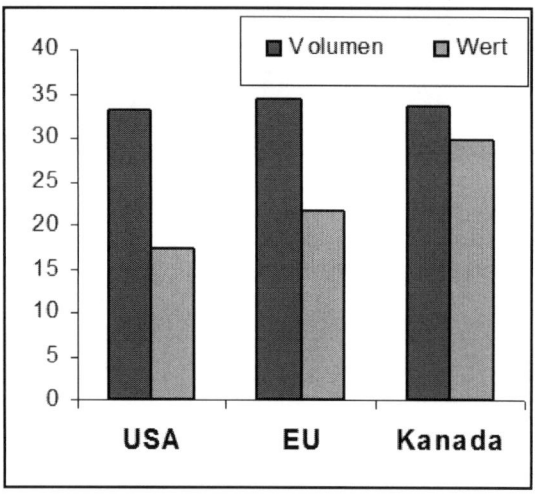

Abbildung 19: Anteile der bis 2002 integrierten Quoten am Volumen und am Wert der Gesamtimporte von 1990 (in %)[118]

In den Vereinbarungen des ATC wird als Basis der Liberalisierung das **Importvolumen** der jeweiligen Länder aus dem Jahre 1990 zu Grunde gelegt. Daher verlegten sich die Industriestaaten auf die Li-

---

[116] WTO: Agreement on Textiles and Clothing → Artikel 1.5
[117] WTO - Council for Trade in Goods: Major Review, S.3
[118] eigene Darstellung nach **Tabelle 12**: Anteile des Volumens und des Wertes der in den ersten beiden Phasen integrierten Produkte am jeweiligen Gesamtimport von 1990 → *Anhang Tabellen S.93*

beralisierung von Quoten, welche zwar einen hohen <u>volumenmäßi-</u>
<u>gen Anteil</u>, jedoch einen geringeren <u>wertmäßigen Anteil</u> besaßen
(siehe *Abbildung 19*).

Weiterhin zeigt *Abbildung 20* deutlich, dass vor allem Produkte aus dem weniger sensiblen Bereich der Garne, Stoffe und Textilien zur Integration freigegeben wurden, in deren Herstellung die betroffenen Lieferländer weniger komparative Vorteile, bzw. sogar komparative Nachteile haben (siehe hierzu auch Punkte 3.3.1. bis 3.3.3.). Dadurch konnten die geforderten 33 % der zu integrierenden Quoten zum Anfang des Jahres 2002 erreicht werden, ohne dass die beteiligten Akteure gegen die Vorgaben des ATC verstießen.

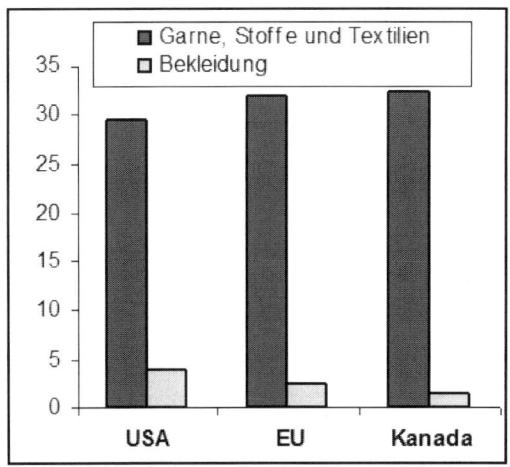

Abbildung 20: Volumenmäßiger Anteil am Gesamtimport von 1990 in % (nach Produktkategorien) [119]

Neben dieser Entwicklung kritisierten die Lieferländer auch die aus ihrer Sicht zu geringe Steigerung der jährlichen Wachstumsraten, welche die unter das ATC fallenden Quoten betrafen. Wie in *Abbildung 17 (siehe S.56)* schon gezeigt wurde, waren diese Steigerungsraten in Bezug auf die im MFA vorgesehenen durchschnittlichen Raten von 6% konzipiert worden, um den Liberalisierungsprozess

---

[119] s.o.

weiter zu dynamisieren. In den ersten zwei Phasen des ATC betrug die durchschnittliche Steigerung des Marktzugangs für die Lieferländer jedoch nur 0.73% in der EU, 1.03% in den USA und 1.22% in Kanada.[120] Die Quoten blieben also auch während der ersten zwei Phasen des ATC restriktiv und blieben dies auch bis zum Ende des ATC im Jahre 2005.

4.3. Perspektiven für die Textil- und Bekleidungsindustrie der EU

4.3.1. Prognostizierte Veränderungen der Marktanteile

Mit dem Auslaufen des *Agreement on Textiles and Clothing* war zu Beginn des Jahres 2005 die Sonderrolle des Textil- und Bekleidungssektors formal beendet. Der Markt für Textilien und Bekleidung stand vor einer weitgreifenden Veränderung, da die Ursachen für die bestehenden Marktverzerrungen zum Jahreswechsel beseitigt werden mussten. Im Vorfeld wurden dazu einige Studien erstellt, welche Prognosen zu den Entwicklungen nach Beendigung des Quotensystems lieferten. Dabei wurde versucht, mit Hilfe von allgemeinen Gleichgewichtsmodellen (GTAP-Modellen) Perspektiven und Tendenzen im internationalen Textil- und Bekleidungshandel zu erarbeiten.

In dieser Arbeit soll zur Darstellung der Handelsperspektiven eine Studie von Hildegunn Nordas herangezogen werden, welche im Jahre 2004 im Auftrag der WTO erstellt wurde und eine Prognose der zu erwartenden Marktanteile der Lieferländer sowohl am europäischen als auch am amerikanischen Textil- und Bekleidungsmarkt liefert.[121] Hier soll nur auf den Textil- und Bekleidungsmarkt der EU eingegangen werden.

In dieser Studie wurden zwei Szenarien untersucht; einerseits die Beibehaltung des Quotensystems, wie es vor dem ATC bestand (*vorher*) und andererseits die Abschaffung aller Quoten bei gleichzeitiger Beibehaltung der anderen Parameter sowie der Ausstattung an Ressourcen (*nachher*). Als Basisjahr des GTAP-Modells diente das Jahr 1997.

---

[120] WTO - Council for Trade in Goods: Major Review, S.3
[121] Nordas, Hildegunn: The Global Textile and Clothing Industry post the ATC

Textilsektor

vorher		nachher	
> 10%	Türkei China Indien	> 10%	China Türkei Indien
5-10%	USA / Kanada Zentral- und Osteuropa* Südkorea	5-10%	USA / Kanada Zentral- und Osteuropa* Indonesien
< 5%	Indonesien Taiwan Nordafrika** Afrika***	< 5%	Südkorea Nordafrika** Taiwan Bangladesch
36%	Rest der Welt	34%	Rest der Welt

*ohne Ungarn und Polen **ohne Marokko ***südlich der Sahara

Abbildung 21: Marktanteile der Lieferländer auf dem EU-Textilmarkt[122]

Abbildung 21 zeigt die Gegenüberstellung der zwei Szenarien auf dem Textilmarkt der EU. Dieser wurde mit dem Quotensystem vor allem durch die Türkei, China und Indien als Lieferländer bestimmt. Durch den Wegfall der Quoten kann China mit einer etwa 20 prozentigen Erhöhung seiner Anteile auf 12 % mit der Türkei an die Spitze der Textillieferanten treten. Im Gegensatz dazu verliert die Türkei etwas an Boden und kann ebenfalls noch 12 % der Textillieferungen an die EU tätigen. Indien kann seine Anteile von 9 auf 11 % erhöhen.

Nordamerika, Südkorea und Afrika (südlich der Sahara) haben Einbußen zu verzeichnen, während Nordafrika und Taiwan ihre Anteile halten konnen. Indonesien gewinnt sogar hinzu.

Abbildung 22 geht nun auf die prognostizierten Entwicklungen auf dem Bekleidungsmarkt der EU nach Beendigung des ATC ein. Wie schon in Punkt 3.3. deutlich wurde, sind die komparativen Vorteile der Lieferländer außerhalb der EU im Bekleidungssektor wesentlich stärker ausgeprägt, als im Textilsektor. Dieser Sachverhalt wird in dieser Studie ebenfalls deutlich. Die Veränderungen auf

---

[122] eigene Darstellung nach **Tabelle 13**: Marktanteile der Lieferländer am EU Textilimport → *siehe Anhang Tabellen S.93*

dem Bekleidungsmarkt sind um einiges schwerwiegender als auf dem Textilmarkt. China kann sich von 18 % auf 29 % verbessern, was einer Erhöhung seiner Marktanteile um 61% entspricht. Auch Indien gewinnt stark dazu und kommt von 6% auf nunmehr 9%.

Zu den größten Verlierern gehören die Türkei und die zentral- und osteuropäischen Staaten, welche jeweils ein Drittel ihrer Marktanteile verlieren und nach der Abschaffung der Quoten nur noch je 6% Marktanteil erreichen können. Auch die nordafrikanischen Länder verlieren gegenüber der asiatischen Konkurrenz an Boden. Indonesien und Hong Kong können ihre Anteile halten, Bangladesch gewinnt sogar etwas hinzu.

Bekleidungssektor

vorher		nachher	
> 10%	China	> 10%	China
	Türkei		Indien
	Zentral- und Osteuropa*		Türkei
	Nordafrika**	5-10%	Zentral- und Osteuropa*
5-10%	Hong Kong		Hong Kong
	Indien		Nordafrika**
	Polen		Marokko
	Marokko		Polen
< 5%	Indonesien	< 5%	Bangladesch
	Bangladesch		Indonesien
30%	Rest der Welt	24%	Rest der Welt

*ohne Ungarn und Polen **ohne Marokko

Abbildung 22: Marktanteile der Lieferländer auf dem EU-Bekleidungsmarkt[123]

Einige Länder in Zentral- und Osteuropa, in Afrika (sowohl im Norden, als auch südlich der Sahara) und Entwicklungsländer waren von Seiten der EU schon im Vorfeld der Abschaffung des Quotensystems bevorzugt behandelt worden. Durch Freihandelsabkommen, die bevorzugte Vergabe von Quoten und den Beitritt einiger Länder zur EU wurden künstliche komparative Vorteile gegenüber den etablierten großen Lieferländern geschaffen, wodurch

---

[123] eigene Darstellung nach **Tabelle 14**: Marktanteile der Lieferländer am EU Bekleidungsimport → *siehe Anhang Tabellen S.94*

die großen Verluste der betroffenen Länder erklärt werden können.[124]

4.3.2. Neue protektionistische Tendenzen

Das Jahr 2005 kann für die Textil- und Bekleidungsbranche der Industriestaaten als Bewährungsprobe angesehen werden. Das *Agreement on Textiles and Clothing* lief aus und die Importländer waren von nun an dazu verpflichtet, keinerlei Importbeschränkungen mehr auf Produkte dieses Sektors anzuwenden.

Im ersten Quartal 2005 (Q1 2005) schnellten die Importe in die Mitgliedstaaten der EU für zehn verschiedene Kategorien im Gegensatz zum Vorjahresquartal (Q1 2004) in die Höhe.

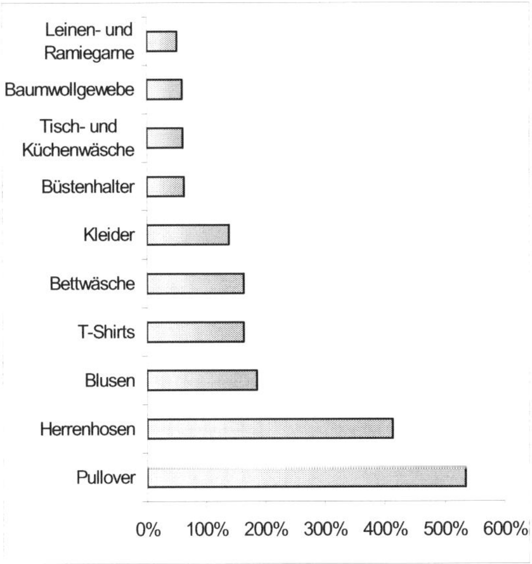

Abbildung 23: Wachstum der Importe in die EU zwischen Q1 2004 und Q1 2005 nach Produktgruppen (in %)[125]

---

[124] Nordas, Hildegunn: The Global Textile and Clothing Industry post the ATC, S.26-27

[125] eigene Darstellung nach **Tabelle 15:** Steigerung der Importe in die EU nach Produktkategorien zwischen Q1 2004 und Q1 2005 → *siehe Anhang Tabellen S.94*

Produkte, wie Pullover, Herrenhosen, Blusen, T-Shirts, Bettwäsche und Kleider verzeichneten im ersten Quartal 2005 einen Anstieg von über 100% und bis zu 530% der Importvolumina des Vorjahresquartals, wie *Abbildung 23* zeigt. Die verzögerte Umsetzung der Liberalisierungsschritte des ATC zeigte hier ihre Wirkung. Die EU stand nun unter Druck, im Sinne der Unternehmen der europäischen Bekleidungsindustrie den Versuch zu unternehmen, wieder handelsbeschränkende Maßnahmen einzuführen.

China, welches im Jahre 2001 der WTO beigetreten war und einen großen Teil der genannten Importprodukte geliefert hatte, stellt im Kontext der Liberalisierung der letzten Jahre einen Sonderfall dar. Im Beitrittsprotokoll war nämlich der sogenannte *Textile Specific Safeguard Clause (TSSC)* eingefügt worden, eine Sicherheitsklausel, welche den Handelspartnern erlaubte, bei ernsthaften Marktstörungen auch nach Ablaufen des ATC einseitige Schutzmaßnahmen zu ergreifen.[126] Die EU veröffentlichte schon im April 2005 sogenannte *alert levels*, also Schwellenwerte, bei deren Überschreitung Schutzmaßnahmen im Sinne des TSSC eingeleitet werden sollten.

Die Importvolumina der zehn genannten Produktkategorien überschritten deutlich die eingeführten Schwellenwerte und die EU drängte zu Verhandlungen mit der chinesischen Regierung. Zeitweise kam es zu großen Spannungen und ein Teil schon versandter Textilien wurde vom Zoll monatelang zurückgehalten, was wiederum bei Händlern und Warenhäusern zu Protesten führte.

In Konsultationen mit dem chinesischen Handelsministerium konnte jedoch ein Handelskrieg abgewendet werden und eine Einigung wurde nach zweimonatigen Verhandlungen erreicht.[127]

Im Gegensatz zu den USA, die mit demselben Problem zu kämpfen hatten, setzte die EU diesmal nicht mehr auf die Einführung neuer Quoten. Stattdessen einigte man sich auf Steigerungsraten der in *Abbildung 23* gezeigten zehn Warengruppen zwischen 8 und 12,5 %

---

[126] Europäische Kommission (Hrsg.): EU - China textile agreement 10 June 2005; Memo der EU vom 12.07.2005, URL: http://europa.eu.int/comm/trade/issues/sectoral/industry/textile/memo100605_en.htm (24.05.07)

[127] vgl. Europäische Kommission (Hrsg.): EU - China textile agreement 10 June 2005, Annex 1

pro Jahr. Diese Regelung wurde im Juli 2005 zwischen der EU und der Volksrepublik China in einem *Memorandum of Understanding* vereinbart und gilt bis zum Ende des Jahres 2007.[128]

Es stellt sich die Frage, ob das Festhalten an handelsbeschränkenden Maßnahmen gegenüber China tatsächlich positive Auswirkungen auf die europäische Textil- und Bekleidungsindustrie hat. Andere Lieferländer, wie z.b. Indien, Pakistan oder Bangladesch unterliegen seit 2005 keinen Beschränkungen mehr, wodurch die Nachfrage nach günstigen Produkten während dieser Phase lediglich umgeleitet wird. Aus diesem Grunde können die durch die Nordas-Studie prognostizierten Veränderungen der Marktanteile mit den bisher vorliegenden Daten nicht verifiziert werden. Erst, wenn die rechtlichen Möglichkeiten erschöpft sind, was spätestens Ende 2008 der Fall sein wird und die Sicherheitsklausel ihre Gültigkeit verliert, werden die noch bestehenden handelsverzerrenden Beschränkungen gegenüber China wegfallen müssen.

4.3.3. Allgemeine Tendenzen im Kontext der Liberalisierung

Zum Abschluss sollen einige Perspektiven sowohl des Welttextil- und Bekleidungshandels, als auch der europäischen Textil- und Bekleidungsbranche zur Sprache kommen.

Durch die Liberalisierung dieses Sektors und die Integration in die Regeln des GATT kommt es zu einigen allgemeinen Anpassungsprozessen, welche die Marktverzerrungen nach und nach abbauen werden:

- Die Weltproduktion von Textilien und Bekleidung wird zunehmen.[129]

- Die Beschäftigung wird in den Exportländern zunehmen.[130]

---

[128] vgl. Europäische Kommission: Verordnung (EG) Nr. 1084/2005 der Kommission vom 8. Juli 2005; Amtsblatt der Europäischen Union, L 177/19 und Heymann, Eric: Textil- und Bekleidungsindustrie in Osteuropa: durch Ende des Quotensystems massiv unter Druck; in: EU-Monitor: Beiträge zur europäischen Integration, Deutsche Bank Research 26, 2005, S.25-26

[129] Nguyen/Perroni/Wigle: An Evaluation of the Final Act of the Uruguay Round, S.1546; Knappe, Matthias: Textiles and Clothing: What happens after 2005?; in: International Trade Forum - Issue 2/2003, S.16-20

- Die Beschäftigung in den Importländern wird weiter abnehmen.[131]
- Die Wohlfahrt der Welt wird insgesamt steigen.[132]
- Die Preise auf dem Textil- und Bekleidungsmarkt werden weiter sinken.[133]
- Die Anpassungsprozesse auf dem Bekleidungsmarkt sind stärker, als diejenigen im Textilsektor.
- Die Marktanteile werden sich weiterhin deutlich verschieben.

Innerhalb der einzelnen Mitgliedstaaten der Europäischen Union zeichnen sich unterschiedliche Entwicklungen und Tendenzen ab. Wie im Laufe dieser Arbeit gezeigt werden konnte, unterscheiden sich die Ländermerkmale zum Teil erheblich. Länder wie Italien, Portugal, und Spanien haben in der EU 25 die weitaus größten verbleibenden Beschäftigtenzahlen im besonders sensiblen Bekleidungssektor. Diese EU Mitglieder werden in den nächsten Jahren die schwierigsten Anpassungsprozesse vor sich haben, da sie bisher am wenigsten auf die dringend notwendigen Strukturanpassungen reagiert haben.[134]

Die neuen EU Mitglieder Rumänien und Bulgarien tragen ferner zu einem neuen Teilaspekt des EU-Marktes bei. Diese Länder sind nach ihrer Arbeits- und Kapitalstruktur vor allem im Bereich der passiven Lohnveredelung auf dem Weltmarkt konkurrenzfähig und setzen sich dadurch deutlich von den traditionellen Textilländern West- und Nordeuropas ab. Länder wie Deutschland, Frankreich oder die Benelux-Staaten, in denen schon in der zweiten Hälfte des letzten Jahrhunderts ein großer Strukturwandel stattgefunden hat, sind vor allem im Bereich der hochqualitativen Textilienherstellung und -veredelung wettbewerbsfähig. Nationale und EU-weite Inno-

---

[130] Nguyen/Perroni/Wigle: An Evaluation of the Final Act of the Uruguay Round, S.1546

[131] Nguyen/Perroni/Wigle: An Evaluation of the Final Act of the Uruguay Round, S.1546

[132] Nordas, Hildegunn: The Global Textile and Clothing Industry post the ATC, S.25; Walkenhorst, Peter: Liberalising Trade in Textiles and Clothing, S.17-18

[133] Knappe, Matthias: Textiles and Clothing: What happens after 2005?, S.16-20

[134] Heymann, Eric: Textil- und Bekleidungsindustrie in Osteuropa, S.21 und S.26

vationsinitiativen, wie z.b. die „Hightech Strategie für Deutschland" der deutschen Bundesregierung oder die „europäische Technologieplattform für die Zukunft der Textil- und Bekleidungsindustrie" vom Dachverband EURATEX sollen die Wettbewerbsfähigkeit der hochinnovativen Textil- und Bekleidungsunternehmen unterstützen, indem z.b. verstärkt Subventionen für Forschung und Entwicklung bereitgestellt werden.[135]

Für die bisher durch die EU bevorzugten Lieferländer Nordafrikas, wie z.b. Marokko und Tunesien, aber auch für klassische osteuropäische Lieferländer bringt die Liberalisierung einen Verlust bisher genossener Handelsvergünstigungen mit sich, was diese Länder stark unter Druck setzt.[136] Weiterhin sieht sich die Türkei inzwischen ebenfalls einem großen Wettbewerbsdruck vor allem im Bereich der Billigtextilien und -bekleidung ausgesetzt, woraufhin sie mittlerweile mit verstärkten Investitionen in die Fertigung qualitativ hochwertiger Produkte reagiert, was den Strukturwandel dort vorantreibt.[137]

In den Verhandlungen der Uruguayrunde zur Abschaffung des Quotensystems hatte die EU schon die Forderung gestellt, dass die etablierten Lieferländer eine reziproke Marktöffnung ihrer Märkte betreiben müssten. Diese Forderung wurde bis heute jedoch nicht erfüllt. Die Importzölle im Textil- du Bekleidungsbereich der asiatischen Länder betragen heute immer noch 30% und mehr, wohingegen die vergleichbaren europäischen Zölle bei weniger als 10% liegen.[138] Wenn die Märkte dieser Lieferländer tatsächlich geöffnet würden, entstünden für europäische Textil- und Bekleidungshersteller neue Absatzmärkte und somit auch Perspektiven für einen neuen Aufschwung dieser Industrie in Europa.

---

[135] Begemann, Walter: Hightech-Strategie für Deutschland und EU-Innovationsstrategie - Impulsgeber auch für die deutsche Textil- und Bekleidungsindustrie; in: Jahrbuch der deutschen Textil- und Modeindustrie 2006, Eschborn, 2006, S.24-25

[136] Heymann, Eric: Textil- und Bekleidungsindustrie in Osteuropa, S.21

[137] Bundesagentur für Außenwirtschaft: Türkische Textilindustrie braucht High-Tech-Ausrüstungen; Datenbank: Länder und Märkte vom 04.12.2006, URL: http://www.bfai.de (24.05.07)

[138] Heymann, Eric: Textil- und Bekleidungsindustrie in Osteuropa, S.26

5. Zusammenfassung und Ausblick

Wie zu Beginn dieser Arbeit gezeigt werden konnte, ist der Textil- und Bekleidungssektor ein Wirtschaftszweig, welcher innerhalb der Textilen Kette nur einen Teil des komplexen Geflechts aus verschiedenen Bereichen des verarbeitenden Gewerbes definiert. Die beschriebenen Veränderungen innerhalb der europäischen Textil- und Bekleidungsindustrie müssen auf Grund der bestehenden Interdependenzen also auch im Kontext der gesamten *Textilen Pipeline* betrachtet werden, d.h. die sich verändernden Rahmenbedingungen haben deutlichere Auswirkungen auf die Entwicklung der europäischen Industriezweige, als die beschriebenen aufzeigen konnten.

Ferner konnte deutlich gemacht werden, dass die europäische Textil- und Bekleidungsindustrie durch große strukturelle Unterschiede gekennzeichnet ist. Die west- und nordeuropäischen Länder beheimaten vor allem die kapital- und humankapitalintensiven Industriezweige, wohingegen die süd- und osteuropäischen Länder tendenziell arbeitsintensivere Bereiche abdecken.

Mit Hilfe der komparativen Analyse der Faktorausstattungen konnte gezeigt werden, dass Länder, wie Deutschland, Frankreich, Großbritannien, die Benelux-Länder, aber auch nordeuropäische Staaten, wie Dänemark oder Schweden neben Nordamerika, Japan und teilweise auch Australien gerade in kapital- und humankapitalintensiven Sektoren, wie der Veredelung chemischer Fasern und Flächen, der Entwicklung und Herstellung neuartiger Chemiefasern, der Herstellung technischer Textilien und einiger Heimtextilien sowie im Bereich der Bekleidung bei Forschungs- und Entwicklungsarbeiten, dem Design und automatisierten Zuschnitt zur weltweiten Spitzengruppe gehören.

Des Weiteren wurde deutlich gemacht, dass die osteuropäischen Länder und einige nordafrikanische Länder im Bereich der Passiven Lohnveredelung für den europäischen Textil- und Bekleidungsmarkt weiterhin eine bedeutende Rolle in der Bearbeitung vorgefertigter Teile spielen, welche dann wieder reimportiert werden.

Die arbeitsintensiven Schritte, wie die Herstellung bekannter, seit langem standardisierter Chemiefasern, die Herstellung technischer Textilien in ihrer Ausreifungsphase sowie die Montage und das Nähen von konfektionierter Ware im Bereich der Vollimporte können der komparativen Analyse nach ökonomisch am effektivsten von

China, Indien, Sri Lanka, Pakistan sowie Ländern in Südostasien und einigen Ländern in Afrika ausgeführt werden.

Diese Analyse wurde ohne die Einbeziehung protektionistischer Maßnahmen und Verzerrungen angestellt und zeigt durch die Gegenüberstellung der Faktorausstattungen die großen Unterschiede der am Textil- und Bekleidungshandel beteiligten Handelsblöcke.

Durch die Einbeziehung der historischen Entwicklungen im letzten Kapitel wurde deutlich, dass durch den Aufschwung der indischen und asiatischen Textilindustrien in der Mitte des letzten Jahrhunderts auf Druck der etablierten Hersteller in den Industriestaaten ein System von nichttarifären Handelshemmnissen aufgebaut wurde, welches diesen Sektor von den allgemeinen Gesetzen des Freihandels abkoppelte. Dies diente für einige Jahrzehnte dem Schutz der Industriestaaten.

An dieser Stelle soll noch bemerkt werden, dass die USA im Vergleich zu den damaligen EG-Staaten und der heutigen EU von Beginn an eine wesentlich restriktivere, protektionistischere Politik betrieben haben. Vor allem im Laufe der Rückführung des Textil- und Bekleidungssektors in die Regeln des GATT hat die EU frühzeitig begonnen, Handelsvergünstigungen aufzubauen und Beschränkungen abzubauen, wohingegen die USA bis heute an einem Quotensystem festhält. Dieser Sachverhalt wurde in dieser Arbeit weitgehend ausgeklammert, um den Fokus auf die europäische Textil- und Bekleidungsindustrie legen zu können.

Es konnte gezeigt werden, dass die Baumwollabkommen und das Multifaserabkommen zwar zu nicht unerheblichen Marktverzerrungen führten, jedoch einen allgemeinen Strukturwandel innerhalb des weltweiten Textil- und Bekleidungssektors nicht verhindern konnten, was vor allem mit der rasanten Verbreitung der synthetischen Fasern zu Beginn der 1970er Jahre einherging. Darüber hinaus wurde durch die Beschreibung des *Agreement on Textiles and Clothing* und dessen verzögerter Umsetzung deutlich, dass die schon 1995 von den WTO-Mitgliedsstaaten beschlossene vollständige Liberalisierung des Textil- und Bekleidungshandels bis zuletzt von den Importländern hinausgezögert und gegenüber China bis heute noch nicht zugelassen wurde. Die Ursache dafür ist aus europäischer Sicht vor allem bei den Interessen der heimischen Bekleidungsindustrie zu suchen.

Südeuropäische Länder wie Italien, Spanien und Portugal tauchen im Zuge der komparativen Analyse des zweiten Kapitels in keiner Kategorie der untersuchten Güterklassen in den Spitzengruppen auf. Daraus wird ersichtlich, dass vor allem diese Länder ein Interesse daran haben, protektionistische Maßnahmen weiterhin aufrecht zu erhalten, wird doch bei Betrachtung der Beschäftigtenzahlen deutlich, welche Einbußen den Industrien dieser Länder noch bevorstehen. Dies wird auch durch die Prognose der sich verändernden Marktanteile untermauert, welche eine deutliche Abnahme der Marktanteile im Bereich der *Rest der Welt* gezeigt hat, worin auch der innereuropäische Bekleidungshandel enthalten ist. Zuletzt wurden länderspezifische Probleme beleuchtet und mit der Darstellung allgemeiner Perspektiven einige Tendenzen aufgezeigt, welche nach der vorherrschenden Meinung in wissenschaftlichen Publikationen im internationalen Textil- und Bekleidungshandel bestehen. Neben den beschriebenen Beschäftigungsentwicklungen sind vor allem die steigende Weltwohlfahrt und die sinkenden Verbraucherpreise zu nennen.

Wenn die letzten Beschränkungen gegenüber China wegfallen, wird sich entscheiden, welche Länder innerhalb der Europäischen Union ihre Interessen durchsetzen, ob also etwa neue protektionistische Maßnahmen in Teilen Europas eingeführt werden, oder ob die Beschränkungen zum ersten Mal in der neueren Geschichte des internationalen Textil- und Bekleidungshandels gänzlich wegfallen. Vor allem die Forderung nach reziproker Liberalisierung gegenüber einigen Lieferländern, deren Märkte ihrerseits zum Teil durch hohe Zölle abgeschottet sind, steht weiterhin im Raum. Mit der Abschaffung der Handelshemmnisse der EU entfallen somit zum Teil auch die Rechtfertigungsgründe dieser Länder, was diese langfristig unter Druck setzen und damit eventuell neue Märkte für die europäische Textil- und Bekleidungsindustrie schaffen wird.

Des Weiteren ist zu beachten, dass in den Analysen und Prognosen dieser Arbeit über die Wettbewerbsfähigkeit der am Welttextil- und Bekleidungshandel beteiligten Akteure die Transportkosten nicht miteinbezogen wurden, da sie aktuell und im Gegensatz zu den deutlichen Unterschieden im Bereich der Arbeitskosten marginalisiert werden können. Sowohl die langfristige Entwicklung der Rohstoffpreise, die für die Transportkosten von hoher Bedeutung sind, als auch die Entwicklungen im Bereich der internationalen Arbeitskosten werden zukünftig eine steigende Rolle in der Analyse der komparativen Vorteile spielen, da sie keine festen Konstanten darstellen, sondern vor allem im Bezug auf die internationale Energie- und Rohstoffsituation stärkeren Schwankungen ausgesetzt sein werden.

6. Literaturverzeichnis

Aussenwirtschaft Österreich (Hrsg.): Exportbericht Belgien, Wien, 2006

Bayrisches Landesamt für Umweltschutz (Hrsg.): Wasch- und Reinigungsmittel; Augsburg, 2005

Begemann, Walter: Hightech-Strategie für Deutschland und EU-Innovationsstrategie - Impulsgeber auch für die deutsche Textil- und Bekleidungsindustrie; in: Jahrbuch der deutschen Textil- und Modeindustrie 2006, Eschborn, 2006

Beise, Marc; Oppermann, Thomas; Sander, Gerald: Grauzonen im Welthandel - Protektionismus unter dem alten GATT als Herausforderung an die neue WTO, Baden-Baden, 1998

Bender, Dieter: Internationaler Handel; in: Bender, Dieter; Berg, Hartmut; Cassel, Dieter u.a.: Vahlens Kompendium der Wirtschaftstheorie und Wirtschaftspolitik, Band 1, Nördlingen, 2003

Botzenhardt, Philipp; Altenburg, Tilman: eBusiness in der Bekleidungswirtschaft: Welche Chancen haben KMU?; Deutsches Institut für Entwicklungspolitik, Bonn, 2001

Bremer Baumwollbörse: Cotton Report; Nr. 07/08, Bremen, Februar 2003

Bundesagentur für Außenwirtschaft: Türkische Textilindustrie braucht High-Tech-Ausrüstungen; Datenbank: Länder und Märkte vom 04.12.2006, URL: http://www.bfai.de (24.05.07)

Clarkson, Leslie: The linen industry in early modern europe; in: The Cambridge history of western textiles (part 1), Cambridge University Press, 2003

Dallmann, Harald: High-Tech-Fasern; in: Karbon, Kokos, Samt und Seide - High-Tech-Fasern und edle Gewebe der Vergangenheit, Reutlingen, 2005

Dürr, Albert; u.a.: Soziale Verantwortlichkeit in globalen Produktionsnetzwerken: Erkenntnisse aus der Bekleidungsindustrie; Abschlußbericht zum Studienprojekt: „Global Manufacturing and Responsible Business Practices", FU Berlin, 2001

Eggerstedt, Harald: Welttextilabkommen; in: Wirtschaftswissenschaftliches Studium, Heft 4, 1987, S.199-202

Europäische Kommission (Hrsg.): EU - China textile agreement 10 June 2005; Memo der Kommission vom 12.07.2005, URL: http://europa.eu.int/comm/trade/issues/sectoral/industry/textile/memo100 605_en.htm (24.05.07)

Europäische Kommission (Hrsg.): Internationale Verflechtungen; in: Europäische Kommission (Hrsg.): Europäische Innovation, 2/05, Brüssel, 2005, S.5-8

Europäische Kommission (Hrsg.): Schlüsselzahlen zu den Informations- und Kommunikationstechnologien an den Schulen in Europa - Ausgabe 2004; Eurydice, 2004

Europäische Kommission (Hrsg.): Textilien – Vergangenheit, Gegenwart, Zukunft; in: Europäische Textilien – Gerettet durch die Forschung?, FTE-Info Nr.45, 2005, S.7-15

Europäische Kommission: Verordnung (EG) Nr. 1084/2005 der Kommission vom 8. Juli 2005; Amtsblatt der Europäischen Union, L 177/19

Eurostat: öffentlich zugängliche Daten der Eurostat-Website, URL: http://epp.eurostat.ec.europa.eu

Eurostat (Hrsg.): European Business - Facts and Figures - Data 1995-2004; Luxemburg, 2006

Gaab, Werner; Gieseck, Arne: Freiwillige Exportselbstbeschränkungsabkommen; in: WISU - Das Wirtschaftsstudium, 8-9/88, 1988, S.485-492

Gandenberger, Carsten: Die Textilwirtschaft zwischen Effizienz und Nachhaltigkeit - Impulse zur Modernisierung des Managements; Beitrag zum Deutschen Studienpreis 2005, Körber-Stiftung

Gandolfo, Giancarlo: International Trade Theory and Policy; Berlin u.a., 1998

Gass, Liselotte; Neundörfer, Konrad; Stahr, Ernst-Heinrich: Vorwärtsstrategie für den Welttextilhandel; in: Schriften zur Textilpolitik, Heft 8, Frankfurt, 1990

Gesamtverband der deutschen Textil und Modeindustrie e.V. (Hrsg.): Zahlen zur Textil- und Bekleidungsindustrie 2006; Eschborn, 2006

Heymann, Eric: Textil- und Bekleidungsindustrie in Osteuropa: durch Ende des Quotensystems massiv unter Druck; in: EU-Monitor: Beiträge zur europäischen Integration, Deutsche Bank Research 26, 2005, S.21-26

Hurcks, Karsten: Internationale Beschaffungsstrategien in der Textil- und Bekleidungsindustrie - eine theoretische und empirische Untersuchung; (Diss.) Bergisch Gladbach, Köln, 1993

IHK Erfurt (Hrsg.): Aufgebügelt und knitterfrei - Textillogistik ist mehr als nur Transport; in: Wirtschaftsmagazin, Erfurt, April 2006

Industrievereinigung Chemiefaser e.V. (Hrsg.): Chemiefasern - Grundbegriffe (Faltblatt); Frankfurt am Main; URL: www.ivc-ev.de (24.05.07)

Industrievereinigung Chemiefaser e.V. (Hrsg.): Chemiefasern - Von der Herstellung bis zum Einsatz (Broschüre); Frankfurt am Main; URL: www.ivc-ev.de (24.05.07)

Industrievereinigung Chemiefaser e.V: Branchendaten 2005; Website der Industrievereinigung Chemiefaser e.V., URL: www.ivc-ev.de (24.05.07)

Keil, Michael; Konrad, Wilfried; Rubik, Frieder: Integrierte Produktpolitik (IPP) am Beispiel der textilen Kette; Ministerium für Umwelt und Verkehr Baden-Württemberg, Stuttgart, 2004

Knappe, Matthias: Textiles and Clothing: What happens after 2005?; in: International Trade Forum - Issue 2/2003, S.16-20

Lehmann, Paulus Johannes: Die Kleidung unsere zweite Haut; Königstein, 1992

Lemire, Beverly: Fashioning cottons: asian trade, domestic industry and consumer demand, 1660-1780; in: The Cambridge history of western textiles (part 2), Cambridge University Press, 2003

Malaga, Jaime; Mohanty, Samarendu: The Agreement on Textiles and Clothing: Is It a WTO Failure?; in: The Estey Centre Journal of International Law and Trade Policy, Volume 4, Number 1, S.75-85

Matthes, Jürgen: Neuer Protektionismus? - Perspektiven für eine weitere Liberalisierung des Welthandels; in: Beiträge zur Wirtschafts- und Sozialpolitik, Nummer 267, 6/2001, Köln, 2001

Maute-Daul, Gabriele: Mode und Chemie; Berlin u.a., 1995

Nguyen, Trien; Perroni, Carlo; Wigle, Randall: An Evaluation of the Final Act of the Uruguay Round; in: The Economic Journal, Volume 103, Number 421, S.1540-1549

Niehans, Jürg: Geschichte der Außenwirtschaftstheorie im Überblick; Tübingen, 1995

Nordas, Hildegunn Kyvik: The Global Textile and Clothing Industry post the Agreement on Textiles and Clothing; WTO Discussion Paper Number 5, Genf, 2004

Ohr, Renate: Produktzyklustheorie; in: Wirtschaftswissenschaftliches Studium, 14. Jg., Heft 1/1985, S.27-30

Reinert, Kenneth: Give Us Virtue, But Not Yet: Safeguard Actions Under the Agreement on Textiles and Clothing; in: The World Economy, Volume 23, Number 1, 2000, S.25-55

Riesch, Roman: Lage und Perspektiven der Textil- und Bekleidungsindustrie; (Diss.) Mainz, 2000

Rosenkranz, Bernhard; Castelló, Edda: Leitfaden für gesunde Textilien - Kritische Warenkunde und Rechtsratgeber; Reinbek, 1989

Sassenrath, Bernd: Die internationalen Chemiefasermärkte im Wandel der Zeit; Ausführungen, 50 Jahre Industrievereinigung Chemiefaser e.V., Festveranstaltung am 24.06.2005

Scharrer, Eva-Maria: Die Chancen der Textil- und Bekleidungsindustrie in hochentwickelten Ländern - Ein empirischer Beitrag zu kontroversen Fragen der Standortwahl beider Industriezweige; in: Kieler Diskussionsbeiträge, Nummer 26, Kiel, 1972

Schmidt, Paul-Günther: Das Welttextilabkommen - Hydra des Protektionismus?; in: Wirtschaftsdienst, Jahrgang 61, Heft 9, 1981, S.446-453

Schneider, André Arno Anton: Internationalisierungsstrategien in der deutschen Textil- und Bekleidungsindustrie - eine empirische Untersuchung; (Diss.) Frankfurt, 2003

Schrenk, Andreas: Strukturelle Probleme der deutschen Bekleidungsindustrie nach der Uruguay-Runde des GATT; (Diss.) Hof, 2000

Siebert, Horst: Außenwirtschaft; Stuttgart, 2000

Statistisches Bundesamt: Klassifikation der Wirtschaftszweige, Ausgabe 2003 (WZ 2003); Wiesbaden, 2002

UNESCO (Hrsg.): International Standart Classification of Education, ISCED 1997; UNESCO Institute for Statistics, Montreal, 2006

UNICEF: Mehr Sicherheit und Chancen für die Kinder in Peru (Broschüre); Zürich, 2007

UN: World Population Prospects and World Urbanization Prospects: The 2004 Revision Population Database; Datenbank auf der Website des UN Department of Economic and Social Affairs, Population Division, URL: http://esa.un.org/unpp

U.S. International Trade Commission: Textiles and Apparel: Assessment of the Competitiveness of Certain Foreign Suppliers to the U.S. Market - Volume I; USITC Publication 3671, Investigation Number 332 - 448, Washington, 2004

Walkenhorst, Peter: Liberalising Trade in Textiles and Clothing: A Survey of quantitative Studies; OECD Publications, Document TD/TC/WP(2003)2/FINAL, Paris, 2003

Weltbank: World Development Indicators 2006; Development Data Center, World Bank, Washington, 2006, URL: http://devdata.worldbank.org/wdi2006/ (24.05.07)

Werner International: Primary textiles - labour cost comparisons, Winter 2004/2005; Hemdon USA, 2005

WTO: Agreement on Textiles and Clothing; WTO, Document LT/UR/A-1A/11, 1994

WTO - Council for Trade in Goods: Major Review of the Implementation of the Agreement on Textiles and Clothing in the second Stage of the Integration Process - Draft Report, WTO Draft Report, Document G/C/W/396, 2002

WTO: Legal texts: the WTO agreements; WTO Website, URL: http://www.wto.org/english/docs_e/legal_e/ursum_e.htm (24.05.07)

Yang, Yongzheng: The Impact of MFA Phasing Out on World Clothing and Textile Markets; in: The Journal of Development Studies, Volume 30, Number 3, 1994, S.892-915

Zweifel, Peter; Heller, Robert: Internationaler Handel: Theorie und Empirie; Heidelberg, 1997

Abbildungsverzeichnis

Tabellenverzeichnis

Anhang Tabellen

	1970	1975	1980	1985	1990	1995	2000	2005
Synthetische Fasern	4.820	7.440	10.630	13.120	15.370	19.190	28.400	34.900
Zellulosische Fasern	3.580	3.200	3.560	3.220	3.150	3.010	2.640	3.300
Chemiefasern gesamt	8.400	10.640	14.190	16.340	18.520	22.200	31.040	38.200
Wolle	1.660	1.580	1.600	1.740	1.930	1.490	1.400	1.100
Baumwolle	11.780	11.720	13.840	17.380	19.000	19.960	19.000	24.400
Textilfasern insgesamt	21.840	23.940	29.630	35.460	39.450	43.650	51.440	63.700
Weltbevölkerung (in 1000)	3.697	4.074	4.442	4.844	5.280	5.692	6.086	6.465
synthet. Fasern/Person (in t)	1,3	1,8	2,4	2,7	2,9	3,4	4,7	5,4
Baumwolle/Person (in t)	3,2	2,9	3,1	3,6	3,6	3,5	3,1	3,8
Wolle/Person (in t)	0,4	0,4	0,4	0,4	0,4	0,3	0,2	0,2
zellul. Fasern/Person (in t)	1,0	0,8	0,8	0,7	0,6	0,5	0,4	0,5
Textilfasern/Person (in t)	5,9	5,9	6,7	7,3	7,5	7,7	8,5	9,9

Eigene Darstellung und Berechnungen nach: Industrievereinigung Chemiefaser e.V.: Branchendaten 2005 UN: World Population Prospects and World Urbanization Prospects: The 2004 Revision Population Database; Internet Datenbankabfrage auf der Website des UN Department of Economic and Social Affairs, Population Division, URL: http://esa.un.org/unpp (17.04.07)

Tabelle 1: Weltproduktion von Textilfasern und Output pro Person (in 1000 t)

17		Textilgewerbe
17.1		Spinnstoffaufbereitung und Spinnerei
	17.11	Baumwollaufbereitung und -spinnerei
	17.12	Wollaufbereitung und Streichgarnspinnerei
	17.13	Wollaufbereitung und Kammgarnspinnerei
	17.14	Flachsaufbereitung und -spinnerei
	17.15	Zwirnen und Texturieren von Filamentgarnen, Seidenaufbereitung und -spinnerei
	17.16	Herstellung von Nähgarn
	17.17	Sonstige Spinnstoffaufbereitung und Spinnerei
17.2		Weberei
	17.21	Baumwollweberei
	17.22	Streichgarnweberei
	17.23	Kammgarnweberei
	17.24	Seiden- und Filamentgarnweberei
	17.25	Sonstige Weberei
17.3		Textilveredlung
	17.30	Textilveredlung
17.4		Herstellung von konfektionierten Textilwaren (ohne Bekleidung)
	17.40	Herstellung von konfektionierten Textilwaren (ohne Bekleidung)
17.5		Sonstiges Textilgewerbe (ohne Herstellung von Maschenware)
	17.51	Herstellung von Teppichen
	17.52	Herstellung von Seilerwaren
	17.53	Herstellung von Vliesstoff und Erzeugnissen daraus (ohne Bekleidung)
	17.54	Textilgewerbe, anderweitig nicht genannt
17.6		Herstellung von gewirktem und gestricktem Stoff
	17.60	Herstellung von gewirktem und gestricktem Stoff
	17.60.1	Herstellung von gewirktem und gestricktem Stoff (ohne Gardinenstoff)
	17.60.2	Herstellung von gewirktem Gardinenstoff
17.7		Herstellung von gewirkten und gestrickten Fertigerzeugnissen
	17.71	Herstellung von Strumpfwaren
	17.72	Herstellung von Pullovern, Strickjacken u.ä. Waren

Fortsetzung auf der nächsten Seite.

18		Bekleidungsgewerbe
18.1		Herstellung von Lederbekleidung
18.2		Herstellung von Bekleidung (ohne Lederbekleidung)
	18.21	Herstellung von Arbeits- und Berufsbekleidung
	18.22	Herstellung von Oberbekleidung (ohne Arbeits- und Berufsbekleidung)
	18.22.1	Herstellung von gewebter Oberbekleidung für Herren und Knaben
	18.22.2	Herstellung von gewebter Oberbekleidung für Damen und Mädchen
	18.22.3	Herstellung von gewirkter und gestrickter Oberbekleidung
	18.23	Herstellung von Wäsche
	18.23.1	Herstellung von gewebter Wäsche (ohne Miederwaren)
	18.23.2	Herstellung von gewirkter und gestrickter Wäsche (ohne Miederwaren)
	18.23.3	Herstellung von Miederwaren
	18.24	Herstellung von sonstiger Bekleidung und Bekleidungszubehör
	18.24.1	Herstellung von Sportbekleidung
	18.24.2	Herstellung von Hüten und sonstigen Kopfbedeckungen
	18.24.3	Herstellung von Bekleidung und Bekleidungszubehör für Kleinkinder
	18.24.4	Herstellung von sonstigen gewirkten und gestrickten Fertigerzeugnissen
	18.24.5	Herstellung von Bekleidungszubehör, anderweitig nicht genannt
18.3		Zurichtung und Färben von Fellen, Herstellung von Pelzwaren

Quelle: Statistisches Bundesamt: Klassifikation der Wirtschaftszweige, Ausgabe 2003 (WZ 2003); Wiesbaden, 2002

Tabelle 2: Klassifikation der Wirtschaftszweige Textil- und Bekleidungsgewerbe

Land	2000		2001		2002		2003		2004	
	Textil	Bekleidung	Textil	Bekleidung	Textil	Bekleidung	Textil	Bekleidung	Textil	Bekleidung
Belgien	42.653	11.743	43.472	11.145	35.022		38.615	9.006	36.306	7.858
Bulgarien	31.692	114.034	32.719	126.758		135.516	35.382	146.687	35.729	152.371
Dänemark	9.281	5.185	8.611	4.639	7.830	3.704	7.052	3.280	6.511	2.891
Deutschland	136.415	79.772	136.416	74.658	124.296	65.852	116.833	59.168	108.233	59.002
Estland	8.368	13.663	10.719	13.581	10.945	13.996	11.366	13.142	11.083	12.461
Finnland	6.312	6.748	5.949	6.657	5.899	6.054	5.324	5.509	5.421	5.062
Frankreich	122.248	104.561	118.538	96.306	112.587	92.454	104.819	83.260	93.753	79.741
Irland	6.982	4.316	6.654	3.583	6.332	3.178	4.378	2.687	3.472	2.453
Italien	305.496	311.386	297.741	306.845	289.668	290.925	285.852	277.849	264.409	262.268
Lettland	10.668	14.317	10.537	15.042	11.302	16.277	10.602	14.344	9.079	14.457
Litauen	22.348	37.664	21.390	39.000	19.222	41.963	19.483	48.904	18.806	38.840
Luxemburg (Grand-Duché)	1.295	46	1.273	37	1.299	39				
Malta	726	3.026	804	3.355	1.273	3.233		4.790		4.696
Niederlande	21.347	8.688	21.464	8.183	19.617	5.853	17.079	9.744	15.437	8.904
Österreich	21.086	11.323	19.853	10.572	19.786	10.563	18.226		16.342	
Polen					85.794	184.476	85.117	171.898	89.789	168.835
Portugal	99.323	136.285	99.585	126.285	95.447	147.817	87.098	135.504	82.688	127.080
Rumänien	111.446	294.254	106.978	313.257	98.700	324.867	97.983	328.956	89.034	320.402
Schweden	9.966	3.853	9.808	3.514	9.579	3.590			8.062	1.892
Slowakei	17.425	30.157	19.408	30.199	18.663	28.764	18.206	28.492	16.142	26.151
Slowenien					15.138	16.637	13.385	13.925		
Spanien	111.961	139.887	115.141	134.489	110.109	119.925	104.969	112.743	92.663	102.225
Tschechische Republik	69.085	64.179	68.810	55.967	63.886	55.255	58.327	50.184	54.212	48.976
Ungarn	33.287	68.468	36.038	77.544	34.747	72.304		62.505	31.213	54.854
Vereinigtes Königreich	142.100	121.044	126.743	83.198	122.692	72.694	101.860	63.772	98.254	48.124
Zypern	1.006	2.833	848	2.744	848	2.376	788	2.403	784	1.995
Europäische Union 25*	1.331.600	1.430.700	1.293.300	1.302.200	1.244.000	1.286.700	1.170.000	1.200.000	1.091.800	1.110.600
T&B zusammen	2.762.300		2.595.500		2.530.700		2.370.000		2.202.400	

Tabelle 3: Beschäftigte im Textil- und Bekleidungssektor der EU 25

	Veränderung T&B 2000-04	Veränderung Textil	Veränderung Bekleidung
Irland	-48%	-50%	-43%
Vereinigtes Königreich	-44%	-31%	-60%
Dänemark	-35%	-30%	-44%
Niederlande	-33%	-28%	-46%
Schweden	-28%	-19%	-51%
Zypern	-28%	-22%	-30%
Frankreich	-24%	-23%	-24%
Deutschland	-23%	-21%	-26%
Spanien	-23%	-17%	-27%
Tschechische Republik	-23%	-22%	-24%
Österreich	-22%	-22%	-21%
Europäische Union 25	-20%	-18%	-22%
Finnland	-20%	-14%	-25%
Belgien	-19%	-15%	-33%
Ungarn	-15%	-6%	-20%
Italien	-15%	-13%	-16%
Slowakei	-11%	-7%	-13%
Portugal	-11%	-17%	-7%
Lettland	-6%	-15%	1%
Litauen	-4%	-16%	3%
Rumänien*	1%	-20%	9%
Estland	4%	25%	-9%
Bulgarien*	29%	13%	34%

eigene Berechnungen nach Eurostat   *Beitritt erst 2007

Tabelle 4: Veränderungen der Beschäftigtenzahl im Textil- und Bekleidungssektor der EU25 (2000-2004)

	2000		2001		2002		2003		2004	
	Textil	Bekleidung	Textil	Bekleidung	Textil	Bekleidung	Textil	Bekleidung	Textil	Bekleidung
Belgien	7.302	2.903	7.486	2.069	:	:	6.867	1.682	6.411	1.058
Bulgarien	231	345	279	423	352	591	400	675	488	750
Dänemark	1.217	710	1.136	696	1.097	629	1.039	560	1.013	530
Deutschland	16.900	11.522	16.793	11.268	15.309	10.994	14.847	10.110	14.341	10.298
Estland	225	157	233	175	257	196	288	179	292	192
Finnland	673	613	685	621	698	612	658	577	678	544
Frankreich	16.344	12.322	16.039	12.865	15.168	13.183	14.173	12.606	13.109	12.270
Irland	553	371	534	381	508	295	416	305	346	287
Italien	38.046	30.996	40.042	29.974	37.953	31.042	36.074	27.842	36.586	31.755
Lettland	162	112	171	116	170	115	172	118	137	126
Litauen	331	220	305	268	292	331	333	350	359	351
Luxemburg (Grand-Duché)	527	2	511	2	537	2	:	:	:	:
Malta	55	148	45	147	56	161	:	:	:	:
Niederlande	3.309	832	3.151	751	2.988	757	2.748	616	2.616	546
Österreich	2.689	1.014	2.669	1.000	2.751	978	2.344	953	2.115	896
Polen	2.420	2.253	2.675	2.287	2.751	2.344	2.500	1.951	2.708	2.106
Portugal	4.454	3.509	4.750	3.589	4.448	3.750	4.152	3.951	4.103	4.042
Rumänien	669	1.109	763	1.328	831	1.570	818	1.658	890	1.840
Schweden	1.155	375	1.078	330	1.070	349	:	:	985	320
Slowakei	206	228	257	239	261	234	274	253	282	285
Slowenien	923	319	1.177	317	1.113	299	1.098	267	1.135	258
Spanien	9.434	8.199	9.607	7.605	9.516	7.611	9.470	7.580	8.889	7.260
Tschechische Republik	1.663	644	1.846	617	1.839	692	1.773	615	1.790	632
Ungarn	702	743	686	1.002	683	1.012	:	1.002	603	934
Vereinigtes Königreich	14.411	9.067	13.266	8.193	11.911	7.406	10.113	6.370	10.456	5.737
Zypern	38	116	38	110	40	95	33	82	33	70
Europäische Union 25*	125.078	88.437	126.518	85.683	120.092	86.280	110.000	79.500	111.000	81.900
T & B gesamt	213.515		212.201		206.372		189.500		192.900	

Tabelle 5: Umsatz im Textil- und Bekleidungsgewerbe der EU25 (in Mio €)

	T&B	Textil	Bekleidung
Zypern	-33%	-15%	-40%
Irland	-31%	-37%	-23%
Vereinigtes Königreich	-31%	-27%	-37%
Belgien	-27%	-12%	-64%
Niederlande	-24%	-21%	-34%
Dänemark	-20%	-17%	-25%
Österreich	-19%	-21%	-12%
Schweden	-15%	-15%	-15%
Deutschland	-13%	-15%	-11%
Frankreich	-11%	-20%	0%
Europäische Union 25*	-10%	-11%	-7%
Spanien	-8%	-6%	-11%
Finnland	-5%	1%	-11%
Lettland	-4%	-16%	13%
Italien	-1%	-4%	2%
Portugal	2%	-8%	15%
Polen	3%	12%	-7%
Tschechische Republik	5%	8%	-2%
Ungarn	6%	-14%	26%
Slowenien	12%	23%	-19%
Estland	27%	30%	22%
Litauen	29%	8%	60%
Slowakei	31%	37%	25%
Rumänien*	54%	33%	66%
Bulgarien*	115%	111%	117%

eigene Berechnungen nach Eurostat   *Beitritt erst 2007

Tabelle 6: Veränderung des Umsatzes der Textil- und Bekleidungsindustrie der EU25 2000-2004 (in %)

Land	Textil	Bekleidung	Land	Textil	Bekleidung
Dänemark	30,78	29,38	Slowakei	3,43	3,29
Belgien	30,42	22,01	Estland	3,00	n/a
Japan	27,77	13,56	Türkei	2,88	n/a
Deutschland	27,69	22,80	Argentinien	2,86	n/a
Schweden	26,40	22,51	Venezuela	2,85	n/a
Niederlande	26,36	22,11	Brasilien	2,83	n/a
Finnland	24,70	21,20	Marokko	2,56	n/a
Österreich	24,55	17,66	Mexiko*	2,19	2,45
Frankreich	21,03	17,63	Oman	2,07	n/a
Großbritannien	20,17	16,50	Tunesien	2,05	n/a
Italien	19,76	16,35	Kolumbien	1,97	n/a
Kanada	18,61	n/a	Peru	1,93	n/a
Irland	16,60	16,16	Mauritius*	1,57	1,25
Australien	16,47	n/a	Rumänien	1,55	1,46
USA	15,78	13,39	Bulgarien	1,50	1,04
Spanien	14,06	12,81	Thailand*	1,29	0,91
Griechenland	11,65	8,91	Malaysia*	1,18	1,41
Malta	9,53	n/a	Ägypten*	0,82	0,77
Israel	9,35	n/a	China (Küste)	0,76	n/a
Taiwan	7,58	n/a	Indien*	0,67	0,38
Süd Korea	7,10	n/a	Kenia*	0,67	0,38
Portugal	6,87	5,75	Indonesien*	0,55	0,27
Hong Kong	6,21	n/a	Chin (Festland)*	0,48	0,68
Tschechien	3,94	3,69	Sri Lanka*	0,46	0,48
Polen	3,80	2,61	Pakistan*	0,37	0,41
Südafrika	3,80	n/a	Bangladesch*	0,28	0,39
Ungarn	3,76	3,43	Vietnam	0,28	n/a

* Werte Bekleidung 2002

Quellen: **Werner International**: Primary textiles - labour cost comparisons, Winter 2004/2005; Hemdon USA, 2005 *(alle Werte für Textilsektor)*

U.S. International Trade Commission: Textiles and Apparel: Assessment of the Competitiveness of Certain Foreign Suppliers to the U.S. Market - Volume I; USITC Publication 3671, Investigation Number 332 - 448, Washington, 2004, S.3-7 *(Bekleidung 2002)*

Gesamtverband der deutschen Textil und Modeindustrie e.V. (Hrsg.): Zahlen zur Textil- und Bekleidungsindustrie 2006; Eschborn, 2006, S.17 *(Bekleidung 2004 - Umrechnungskurs EUR-US $ 1,25)*

Tabelle 7: Arbeitskosten pro Stunde im Textil- und Bekleidungssektor 2004 (US $)

	Bruttonationaleinkommen pro Kopf	Bruttonationaleinkommen	Bevölkerung
	in Tausend US $	*in Mrd. US $*	*in Millionen*
USA	41,4	12.169	294
Dänemark	40,8	220	5
Japan	37,1	4.734	128
Schweden	35,8	322	9
Irland	34,3	140	4
Großbritannien	33,6	2.013	60
Finnland	32,9	172	5
Österreich	32,3	264	8
Niederlande	32,1	523	16
Belgien	31,3	326	10
Deutschland	30,7	2.532	83
Frankreich*	30,4	1.888	60
Kanada	28,3	905	32
Australien	27,1	544	20
Hong Kong, China	26,7	184	7
Italien	26,3	1.513	58
Spanien	21,5	919	43
Israel	17,4	118	7
Griechenland	16,7	185	11
Portugal	14,2	149	11
Süd Korea	14,0	673	48
Tschechien	9,1	93	10
Oman	9,1	23	3
Ungarn	8,4	85	10
Estland	7,1	10	1
Mexiko	6,8	705	104
Slowakei	6,5	35	5
Polen	6,1	233	38
Mauritius	4,6	6	1
Malaysia	4,5	113	25
Venezuela	4,0	105	26
Türkei	3,8	269	72
Süd Afrika	3,6	165	46
Argentinien	3,6	137	38

Fortsetzung auf der nächsten Seite.

	Bruttonationaleinkommen pro Kopf	Bruttonationaleinkommen	Bevölkerung
	in Tausend US $	*in Mrd. US $*	*in Millionen*
Brasilien	3,0	552	184
Rumänien	3,0	64	22
Bulgarien	2,8	21	8
Tunesien	2,7	26	10
Thailand	2,5	158	64
Peru	2,4	65	28
Kolumbien	2,0	91	45
Marokko	1,6	47	30
China	1,5	1.938	1296
Ägypten	1,3	91	73
Indonesien	1,1	248	218
Sri Lanka	1,0	20	19
Indien	0,6	673	1080
Pakistan	0,6	91	152
Vietnam	0,5	45	82
Kenia	0,5	16	33
Bangladesch	0,4	61	139

Quelle: Weltbank: World Development Indicators 2006   *mit Französisch Guinea, Guadeloupe, Martinique und Réunion*

Tabelle 8: BNE pro Kopf, BNE und Bevölkerung (2004)

	Brutto Einschreibungsrate in %			
	Vorschule	*Primarstufe*	*Sekundarstufe*	*Tertiärstufe*
Großbritannien	77	101	170	63
Belgien	116	105	160	61
Australien	100	102	154	74
Schweden	80	109	137	82
Finnland	57	102	127	87
Dänemark	90	103	127	67
Niederlande	87	108	122	58
Spanien	109	107	117	64
Frankreich*	113	105	110	55
Brasilien	55	145	110	20
Portugal	75	118	109	56
Irland	..	106	109	55
Polen	51	100	105	59
Kanada	65	101	105	57
Ungarn	79	99	103	52
Japan	84	100	102	52
Deutschland	99	99	100	50
Österreich	88	105	100	49
Argentinien	62	118	99	61
Italien	101	101	99	59
Bulgarien	77	105	99	41
Tschechien	104	102	97	37
Griechenland	67	100	96	72
Estland	109	100	96	64
USA	60	100	95	83
Israel	110	112	93	57
Slowakei	88	100	92	34
Süd Korea	87	105	91	89
Peru	58	118	90	..
Süd Afrika	33	105	90	15
Ägypten	14	100	87	29
Oman	6	87	86	13
Rumänien	76	100	85	36
Hong Kong, China	70	108	85	32
Türkei	7	95	85	28

Fortsetzung auf der nächsten Seite

	Brutto Einschreibungsrate in %			
	Vorschule	Primarstufe	Sekundarstufe	Tertiärstufe
Sri Lanka	..	102	81	..
Mauritius	95	103	80	17
Mexiko	81	109	79	22
Thailand	92	99	77	41
Tunesien	22	111	77	26
Kolumbien	38	111	75	27
Vietnam	47	98	73	10
Venezuela	55	105	72	39
Malaysia	99	93	70	29
China	36	115	70	15
Indonesien	22	116	62	16
Indien	34	107	52	11
Bangladesch	12	106	51	7
Kenia	53	111	48	..
Marokko	53	106	47	11
Pakistan	45	82	27	3

Quelle: Weltbank: World Development Indicators 2006   *International Standard Classification of Education*

Tabelle 9: Brutto Einschulungsraten der verschiedenen Bildungsstufen in % (nach ISCED)

	absolut	Anteil
China	4,7	24,5%
USA	3,8	19,8%
Indien	2,5	13,0%
Pakistan	1,7	8,9%
Usbekistan	1,0	5,2%
Türkei	0,9	4,7%
Basilien	0,8	4,2%
Griechenland	0,4	2,1%
Australien	0,3	1,6%
Ägypten	0,3	1,6%
Sonstige	2,8	14,6%
Gesamt	**19,2**	**100%**

Quelle: Bremer Baumwollbörse: Cotton Report; Nr. 07/08, Bremen, Februar 2003, S.5

Tabelle 10: Baumwollerzeugung in 100.000 Tonnen (Saison 2002/2003)

WTO Mitglieder	Anzahl der abzuschaffenden Quoten	bis Januar 2002 abgeschaffte Quoten
USA	757	56
EU	219	55
Kanada	295	54
Norwegen	54	54
gesamt	1325	219

Tabelle 11: Anzahl der in den ersten zwei Phasen abgeschafften Quoten

	Volumen			Wert
	Garne, Stoffe und Textilien	Bekleidung	gesamt	gesamt
USA	29,34	3,90	33,24	17,35
EU	31,91	2,47	34,38	21,62
Kanada	32,24	1,38	33,62	29,74

Quelle: Malaga/Mohanty: The Agreement on Textiles and Clothing: Is It a WTO Failure?, S.80, in Bezug auf WTO (TMB Notifications)

Tabelle 12: Anteile des Volumens und des Wertes der in den ersten beiden Phasen integrierten Produkte am jeweiligen Gesamtimport von 1990 (in %)

... vor der Liberalisierung		... nach der Liberalisierung	
Türkei	13%	China	12%
China	10%	Türkei	12%
Indien	9%	Indien	11%
USA / Kanada	8%	USA / Kanada	7%
Zentral- und Osteuropa*	6%	Zentral- und Osteuropa*	6%
Südkorea	5%	Indonesien	5%
Indonesien	4%	Südkorea	4%
Taiwan	3%	Nordafrika**	3%
Nordafrika**	3%	Taiwan	3%
Afrika***	3%	Bangladesch	3%
Rest der Welt	36%	Rest der Welt	34%

* ohne Ungarn und Polen ** ohne Marokko *** südlich der Sahara

eigene Darstellung nach GTAP-Modell: **Nordas, Hildegunn:** The Global Textile and Clothing Industry post the ATC, S.27

Tabelle 13: Marktanteile der Lieferländer am EU Textilimport (in %)

... vor der Liberalisierung		... nach der Liberalisierung	
China	18%	China	18%
Türkei	9%	Türkei	9%
Zentral- und Osteuropa*	9%	Zentral- und Osteuropa*	9%
Nordafrika**	6%	Nordafrika**	6%
Hong Kong	6%	Hong Kong	6%
Indien	6%	Indien	6%
Polen	5%	Polen	5%
Marokko	5%	Marokko	5%
Indonesien	3%	Indonesien	3%
Bangladesch	3%	Indonesien	3%
Rest der Welt	30%	Rest der Welt	24%

* ohne Ungarn und Polen ** ohne Marokko

eigene Darstellung nach GTAP-Modell von **Nordas, Hildegunn:** The Global Textile and Clothing Industry post the ATC, S.28

Tabelle 14: Marktanteile der Lieferländer am EU Bekleidungsimport (in %)

Produktkategorie	Steigerung Q1 2004 - Q1 2005
2 - Baumwollgewebe	60%
4 - T-Shirts	164%
5 - Pullover	534%
6 - Herrenhosen	413%
7 - Blusen	186%
20 - Bettwäsche	164%
26 - Kleider	139%
31 - Büstenhalter	63%
39 - Tisch- und Küchenwäsche	61%
115 - Leinen- und Ramiegarne	51%

Quelle: **Europäische Kommission (Hrsg.):** EU - China textile agreement 10 June 2005

Tabelle 15: Steigerung der Importe in die EU nach Produktkategorien zwischen Q1 2004 und Q1 2005 (in %)